Der Krieg der Zukunft

Da alle zahlen müssen, ist das Buch auch für alle.

Ingo Seidel
Der Krieg der Zukunft

Bibliografische Information der Deutschen Nationalbibliothek
Die Deutsche Nationalbibliothek verzeichnet diese Publikation in
der Deutschen Nationalbibliografie; detaillierte bibliografische
Daten sind im Internet über http://dnb.d-nb.de abrufbar.

© 2013 Ingo Seidel

Herstellung und Verlag:
BoD - Books on Demand, Norderstedt

ISBN: 978-3-7322-4680-9

Inhaltsverzeichnis

Seite

Grundsätzliches

Vorstellungsrunde der Kriege 7
Vor Worte zum Inhalt 9
Vor Worte zum Lesen 15
Aus Wirtschaftszentren werden Imperien – Die Imperien der Welt 16

Politik, auch mal etwas philosophisch angehaucht

Die EU als Imperium 26
Die EU und ihre Peripherie 31
Die EU und die USA 45
Die EU und Russland 47
Die EU und China 50
Die EU und Afrika 58
Die EU und Indien .... 58.
Die EU und Lateinamerika 60
Die EU und Japan 63
Die EU und die freien Gesellschaften. 64
Die EU und die Folgen der imperialen Stellung 71

Woher kommt der Krieg der Zukunft 80
Das wahrscheinlichste Szenario: USA versus China 94
Die Kriegsgründe 96
Der Kriegsanfang 97
Das Kriegsende 98

Die Technik

Die vielen Gesichter des Krieges der Zukunft 100
Der Soldat im Krieg der Zukunft 120
Das Heimatgebiet 126
Der Aufmarsch- und Entfaltungsraum 127
Das Kampfgebiet 129
Das Kampfgeschehen an sich 132
Der Krieg der Zukunft hinter der Front 138
Flexibilität des Sterbens 145
Der Zivilist im Krieg der Zukunft 149
Der Zivilist des Imperiums im Krieg der Zukunft 150
Der Zivilist der Peripherie im Krieg der Zukunft 165
Die Menschen der „freien" Gesellschaften – mit Exkurs: die EU als „Freier" 168
Der Krieg der Informationen – Das „Ministerium für gute Laune" 178

Individuelles

Dein Krieg der Zukunft 188
Dein Konsum 191
Dein Essen 199
Deine Mobilität 204
Dein Wohnen 208
Ein Tag in deinem Leben im Krieg der Zukunft 212
„Was nun?" Sprach die Maus vor der Falle 222

Ich bin der Krieg der Zukunft

Ein Sozialarbeiter: Hallo und herzlich willkommen zu unserer Gesprächsrunde—
Der Erste Weltkrieg unterbricht mit biestiger Stimme: Selbsthilfegruppe! Wir sind eine Selbsthilfegruppe!
Ein Kleinkind kichert vor sich hin.
Der Sozialarbeiter: Ja, lieber Erster Weltkrieg, wenn du es so möchtest, herzlich willkommen zu unserer Selbsthilfegruppe „Große Kriege". Ich bevorzuge es zwar eher—
Der Erste Weltkrieg knurrt: Ich bin nicht lieb gewesen!
Das Kleinkind kichert wieder.
Der Sozialarbeiter: Ja nun, wir sind hier eine lustige Gruppe und sprechen uns einmal alles so richtig von der Seele. Da vorne sitzt der Zweite Weltkrieg, links neben ihm die Hunneninva-sion. Dann kommt der Siebenjährige Krieg—
Das Kleinkind lacht schallend auf.
Der Siebenjährige Krieg mault wütend los: Also das ist mal wieder typisch. Nur damit ihr es wisst, ich bin eigentlich der erste Weltkrieg, die beiden da sind falsch benannt. Ich war der Erste, und schlimm war ich! Viele Tote, damit das mal klar ist!
Das Kleinkind kugelt sich vor lachen.
Der Sozialarbeiter vermittelnd: Ja das wissen wir doch alle. Mit den Historikern werden wir noch ein ernstes Wort reden.
Der Siebenjährige Krieg: Pack! Alles Pack!!
Das Kleinkind hält sich den Bauch und lacht Tränen.
Der Sozialarbeiter: Weiter im Reigen. Den Ersten Weltkrieg—
Der Siebenjährige Krieg heult auf und das Kind trommelt mit den Fäusten auf dem Boden
Der Sozialarbeiter: —ähm ... haben wir ja Eingangs schon kennengelernt. Und das Kind ... ja - das Kind. Sag mal, kleiner Mann, wer bist du eigentlich?
Das Kleinkind wischt sich die letzten Lachtränen aus den

Augen und antwortet: Ich? Ich bin der Krieg der Zukunft.
Der erste Weltkrieg faucht: Ein Rotzlöffel bist du, so klein dass ihm jeder den Arsch versohlen kann, einsperren und die Ohren verknoten!
Das Kleinkind trotzig: Ja, jetzt noch. Aber ich wachse jeden Tag, lerne und suche überall Ideen.
Der zweite Weltkrieg: Vernichten, alles vernichten!
Das Kleinkind: Bullshit.
Die alten Kriege kreischen empört auf: Sowas wie dich haben wir im Schützengraben gegessen!! — Also wir hätten ihm den Schädel am Türpfosten eingeschlagen!!! — Bei uns hättest du höchstens Trommeln schlagen dürfen!!
Das Kleinkind selbstsicher: Wenn ich groß bin, spricht über euch keiner mehr!
Der Sozialarbeiter: Käffchen?

„Was nun?" Sprach die Maus vor der Falle -
Vor Worte zum Inhalt

Den „Krieg der Zukunft", also den kommenden Zusammenstoß mächtiger Kontrahenten jetzt schon zu beschreiben sollte eigentlich unmöglich sein. Niemand kann die Zukunft bestimmt voraussagen. Es ist allerdings wie mit dem Wetter. Anhand genauer Beobachtung und einiger erkannter Regeln sind wir in der Lage, mit recht hoher Sicherheit die Art zu erkennen wie sich das Wetter Morgen für uns darstellt. Wir können auch anhand der vorliegenden Satellitenbilder und der Messergebnisse der globalen Wetterstationen ungefähr das Wetter der nächsten Tage bestimmen. Aber alles, was weiter in die Zukunft reicht, hängt von so vielen Faktoren und so komplexen Zusammenhängen ab, dass wir nur Regelmäßigkeiten beobachten können, aber nicht verstehen.

Genau dieselbe Einschränkung gilt auch für das Thema dieses Buches. Der „Krieg der Zukunft" wird von Menschen gewollt, erklärt, geführt und erlitten. Menschen aber sind die kompliziertesten Wesen, die die Evolution bisher hervorgebracht hat. Jahrtausende lang versuchen unsere klügsten Philosophen den Menschen zu verstehen und haben es gerade erst geschafft zu bemerken, wie wenig sie ihn begriffen haben. Immer wieder behaupten arrogante und ignorante Kleingeister sie hätten das Wesen der Menschen ergründet, ihre Regeln erkannt.

Ich teile diesen Wahn nicht! Ich stelle mich nur an den Rand der gesellschaftlichen Arena und beobachte. Bevorzugt schaue ich nach, woher etwas kommt, und wie etwas ist, um zu erkennen ob und wohin es gehen könnte. Dabei sind mir Einzelheiten aufgefallen, die es ermöglichen, das Wahrscheinliche herauszuarbeiten. Ich sehe bereits Truppen in Bereitstellungsräume marschieren, Zugladungen von Munition aus den Werken rollen und die Wissenschaft arbeitet auch schon wieder intensiv daran die Schlachtfelder ultimativ zu befrieden. Wozu das alles?

Natürlich muss am Ende dieser Zündschnur keine Sprengladung liegen, aber ... Mal angenommen, Du siehst eine brennende Zündschnur auf den Kofferraum deines Autos zulaufen. Steigst Du wohlgemut ein und fährst los? „Muss ja nichts bedeuten und mir kann nichts passieren, denn meine Lebensversicherung ist bezahlt!"? Oder löschst du die Zündschnur, kontrollierst deinen Kofferraum oder gehst ganz banal in Deckung, je nachdem, wie viel Zeit dir die Zündschnur noch lässt?

Und warum handelst Du so?

Weil wir bestimmte Bilder und Abläufe kennen und erwarten; uns nach ihnen richten. Genau das passiert gerade im globalen Maßstab. Das Anschwellen des ökonomischen Wachstums scheint erst einmal an seine Grenzen zu stoßen. Also nicht die absoluten, aber es stellt sich die Erkenntnis ein, dass das Wachstum des zu verteilenden Wohlstandes begrenzt ist. Ohne eine neue Schlüsselinnovation muss es so kommen. Also an sich kein Problem.

Aber da beginnt die ganz dicke Zündschnur. Wo bisher unlimitierte Möglichkeiten im Wachstumshimmel lockten sehen wir jetzt Widerstände und gar Konkurrenz. Damit endet die Phase relativen Friedens. Kurz: in der Welt breitet sich das Gefühl aus, dass die Suppe bald alle sein könnte ... weil zu viele Esser mitlöffeln! Die Lösung, auf die alle hinarbeiten, ist deshalb die anderen, „überzähligen" Esser zu vertreiben, sich selbst den Löwenanteil sichern. Wer aber ist einer von den

„Überzähligen" und wer darf wie bisher weiter sein gieriges Maul direkt in den Napf halten? Um das heraus zu finden hat die Menschheit schon vor langer Zeit eine spezielle Kulturtechnik entwickelt – den Krieg.

Im Krieg erlauben wir uns guten Gewissens zu töten und zu zwingen. Das ist es, was am Ende der Zündschnur lauert: der „Krieg der Zukunft". Genau hier wirkt eine zweite, ganz entscheidende Einschränkung. Nicht nur ist es unmöglich den Krieg der Zukunft genau vorherzusagen, es soll auch gar nicht bekannt werden, dass ein neuer Krieg vor der Tür steht.

Denn der nächste große Krieg wird kein „Volkskrieg" sein. Er dient nur den Interessen weniger. Es werden die Oberschichten, die „Eliten" der wirtschaftlichen Zentren unseres Planeten sein, die diesen Krieg wollen. Diese Minderheit will den „Krieg der Zukunft", löst ihn aus, profitiert von ihm, führt ihn und hält ihn geheim! Muss ihn geheim halten um nicht Gefahr zu laufen, den Widerstand der eigenen arbeitenden Bevölkerung zusätzlich brechen zu müssen. Die absolute Mehrheit aber, die Masse der Menschen der Welt wird darunter zu leiden haben. Diese Masse weiß vom Krieg nichts, will den Krieg nicht, sie versteht ihn nicht und sie gewinnt nichts durch ihn.

Stell dir vor, sie entscheiden über Krieg und Frieden, aber niemand fragt dich.
Stell dir vor, es ist Krieg und keiner sagt es dir.
Stell dir vor, Du bezahlst für einen Krieg, den Du nicht erkennst.
Stell dir vor, sie führen einen Krieg, den Du auf jeden Fall verlierst.

Ich sehe eine neue Epoche der globalen Umverteilung anbrechen. Eine erneute gewaltsame Aufteilung der Ressourcen der Welt unter den Machtgruppen. Auslöser wird die ökonomische Machtverschiebung nach Asien sein. Deshalb ist China ein ganz heißer Aspirant im Rätselraten wer in den Ring steigt, oder getrieben wird.

Die Umverteilung bedeutet den „Krieg der Zukunft". Viele werden gar nicht realisieren, dass Krieg ist. Er tritt in Form von Krisen, Interventionen, wirtschaftlichen Verwerfungen, Armut und Terror auf. Aber eben nicht als offen deklarierte, konventionelle Kraftprobe zwischen zwei Kontrahenten. Vielmehr wird der konventionelle Kampf die Ausnahme sein, und dazu ausschließlich in Stellvertreterkriegen stattfinden. Diese „Drohnenkriege" im Wortsinne werden technisch eine vollkommen neue Fratze zeigen.

Im Krieg der Zukunft kommt vor allem die Ökonomie als Massenverarmungswaffe zum Einsatz. Es wird unser Krieg sein, der Krieg unserer Kinder und Kindeskinder. Dieser Krieg der Zukunft beginnt, ohne dass wir es erfahren. Er wächst schleichend langsam heran in einer Atmosphäre der Konkurrenz. Er ist schon längst als politisches Embryo da. Die Zündschnur glimmt bereits! Niemand wird später wirklich feststellen können, was Vorspiel und was schon echter Krieg war. Dieser scheinbar ach-so-langsame Krieg entfaltet doch eine gigantische, eine erbarmungslose und gefühlt endlose Vernichtungskraft.

Bisher war der Krieg, gemessen an einem Menschenleben, nur kurz. Er war eine Unterbrechung des Friedens, eine Ausnahmesituation, die man mit äußerster Kraftanstrengung führte und zu überleben hoffte. Der Krieg der Zukunft aber wird die Ausnahmesituation „Krieg" für Generationen zum

Alltag werden lassen. Es wird vielmehr das kurze Zeitfenster sein, in dem der ökonomische Alb einmal nicht dominiert, das zur Ausnahme wird. Der Krieg wird die Gesellschaften infizieren. Denn er bedeutet auch die Etablierung totalitärer Strukturen. Du wirst dich noch wundern, was alles in einer parlamentarischen Demokratie so mach(t)bar ist. Die politischen Kontrahenten müssen im Krieg der Zukunft ihre Machtmittel radikal ausschöpfen. Also, ökonomisch, ökologisch und sozial. Dieser Raubbau in jeder Hinsicht geht nicht in Freiheit.

Vergessen wir das nicht.

Der Krieg der Zukunft kommt aber nicht nur in deine Wahlkabine, sondern er springt dich an wenn Du deinen Kühlschrank öffnest, oder mit deinem Fahrrad um die Ecke fährst. Man stirbt in ihm hauptsächlich an Armut, nicht durch Waffengewalt! Sein ideeller Ausgangspunkt ist ein nicht-nachhaltiges, nicht-gerechtes sondern von individueller Gier und globaler Verantwortungslosigkeit getriebenes ökonomisches und soziales System.

Das ist bekannt und die Funktionsweisen sind allgemein akzeptiert. Oder willst Du mir weiß machen, dass Du gegen Ausbeutung bist, wenn sie dir nützt?! Wer hat deine Jeans zu welchen Bedingungen genäht, wer deinen Laptop zusammmengesetzt? Du weißt doch, dass Du die wichtigsten Stimmzettel im Portmonee trägst! Aber ein Sonderangebot ist allemal wichtiger als die Frage, warum chinesische Arbeiter kaserniert und bewacht schaffen müssen.

Genau deshalb wird der Krieg kommen, und genau deshalb wird er so geführt werden, wie wir es verdienen! Er bedeutet nicht das Ende der Zivilisation, aber er ist ein Rückfall in die

Barbarei. Der Krieg der Zukunft kennzeichnet das Ende westlicher/angelsächsischer Hochkultur. Wer uns beerbt ist offen. Einer der Kontrahenten im Krieg wohl eher nicht. Vielleicht sollten die karrierebesorgten Eltern unseres Kleinbürgertums ihre Kinder lieber Indisch als Chinesisch lernen lassen?

Das alles will ich auf den nächsten 100 Seiten etwas genauer betrachten. Wobei uns beiden klar sein muss, was ich hier schreibe ist eine wahrscheinliche Entwicklungsrichtung. Ausgehend vom Gestern und Heute habe ich mir angeschaut in welche Richtung es bisher ging, welchen Kurs wir gerade steuern und wohin das führen könnte. Genau das ist auch die richtige Perspektive auf den „Krieg der Zukunft" den ich hier beschreibe.

Es kann so kommen, muss aber nicht! Meine kleine persönliche Hoffnung ist es, mit diesem Buch ein Stück weit dazu beizutragen, dass Menschen auf dem Weg der zu diesem Krieg führt, vorher links abbiegen.

Deshalb hoffe ich, dass Du während des Lesens immer im Hinterkopf die Fragen an dich selbst stellst: „Will ich das? Was ist es mir wert, dass es nicht so kommt?"

Vor Worte zum Lesen

Eine Kleinigkeit für dich und mich, aber ein wichtiger Punkt um alles richtig einordnen zu können. Die Perspektive, die ich eingenommen habe, ist die eines in einem ökonomischen Zentrum lebenden Menschen. Das ist deshalb auch die Perspektive auf alle Entwicklungen die noch in den nächsten Kapiteln gezeichnet werden. Meistens schaue ich also mit EU-Fernglas auf die Welt.

Für dich und mich nur eine kleine selbstverständliche Feststellung. Aber für all die Milliarden Menschen außerhalb der Zentren ein weit gewichtiger Punkt. Wie viele Sudanesen kaufen sich so ein Buch? Nur die wenigsten von ihnen haben die Freiheit sich über das Morgen Gedanken zu machen. Sich gar über Alternativen im Wortsinn den Kopf zu zerbrechen, oder eben diese Alternativen auszuprobieren?! Genießen wir beide diesen Luxus, der uns zuteil wird. Vergessen wir dabei aber auch nicht, dass daraus sehr viel Verantwortung erwächst.

Ich habe den Text in möglichst viele kleine Kapitel gegliedert, die alle auch unabhängig voneinander gelesen werden können. Natürlich macht es mehr Sinn vom Anfang zu starten, es soll dir aber auch möglich sein aus dem Inhaltsverzeichnis die Bereiche herauszusuchen, die dich besonders interessieren, wie z.B. Technik, Militär oder Politik des Krieges der Zukunft. Viel Spaß dabei und ich hoffe, dass einige meiner Gedanken und Ideen deine eigenen bereichern helfen.

Ingo Seidel

Aus Wirtschaftszentren werden Imperien - Die Imperien der Welt

Die technische und wirtschaftliche Entwicklung hat mehrere ökonomische Zentren auf dieser Welt entstehen lassen. Die Gründe, die zu solch einem Zentrum führen sind vielfältig. Es sind Regionen in denen ein Vorsprung in Technik und Struktur besteht. So hat ein Teil Europas als Vorreiter der Industrialisierung einen großen Vorsprung im Wissen um die Optimierung von Wirtschaftsabläufen, eine einmalig gute Infrastruktur und eine breite Forschungsbasis. Dazu kommt dann noch eine gut ausgebildete Bevölkerung, mehr als genug Kapital und fertig ist eine Rahmenlage, die enorme Wettbewerbsvorteile schafft. Die benachbarten Wirtschaftsräume und Gesellschaften sehen sich weit abgeschlagen und versuchen nur noch einzuholen. So ist Europa heute ein ökonomisches Zentrum in dem die technische und wirtschaftliche Entwicklung zügig voranschreitet, während ein großes umgebendes Gebiet der Konkurrenz nicht gewachsen ist.

Ähnliches hat sich in vielen Teilen der Welt abgespielt. Einzelne Regionen haben aufgrund spezifischer Faktoren einen Vorsprung erreicht, der viele andere degradiert. Spezifische Faktoren waren, neben den oben für Europa genannten, Rohstoff, Reichtum, politische Stärke, besonders große Binnenmärkte, große Forschungsanstrengungen und das Vorhandensein von großen Mengen „billiger" Arbeitskraft. Wo einige, oder gar alle dieser Faktoren gegeben waren erwuchs eine Anzahl ökonomischer Vorteile, die zu einem strukturellen Vorsprung gegenüber der Umgebung geführt haben. Dieser Vorsprung sorgte dafür, dass diese Regionen sich zu Brennpunkten der ökonomischen und politischen Entwicklung mauserten. Ihr Vorsprung beschleunigte ihr Wirtschaftswachstum und damit fiel die

Nachbarschaft oder Benachteiligte immer weiter zurück.

Das war die Geburtsstunde der ökonomischen Zentren und ihrer Peripherie. Denn genauso wie das Zentrum ein Ergebnis der Dynamik kapitalistischen Wirtschaften ist, ist es auch die Peripherie. Die Peripherie sind die weichen Randzonen der Zentren. Sie ist nichts festgeschriebenes. Es ist eine Gruppe aus Ländern, Regionen oder Gesellschaften, die ökonomisch von einem Zentrum abhängig geworden sind weil sie wirtschaftlich nicht mithalten können. Sie besitzen weder spezielles Know-how, noch Rohstoffe in einem Umfang, der ihnen erlauben würde ökonomisch unabhängig zu bleiben. Sie sind darauf angewiesen die Bedürfnisse des Zentrums zu bedienen, um ihre eigenen irgendwie stillen zu können.

Die Gruppe der Länder aus denen sich die jeweilige Peripherie eines wirtschaftlichen Zentrums zusammensetzt ist nicht stabil. Einzelne Teile können durch Entwicklung frei werden oder in Abhängigkeit zu einem anderen Zentrum gelangen. Per se ist es die Absicht aller noch irgendwie politisch selbstständiger Länder den Status „Peripherie" gegen den eines „Unabhängigen" einzutauschen, und in allen Ländern der Peripherie gibt es Träumer die ihre Heimat als potenzielles Zentrum wahrnehmen. Aber der Weg zu einem ökonomischen Zentrum ist weit, und er ist nirgends länger als von der Peripherie aus gesehen.

Denn in den ökonomischen Zentren fokussiert sich der wirtschaftliche Fortschritt, und damit auch der Reichtum. Diese Entwicklung ist schon vor einiger Zeit so weit fortgeschritten, dass die alten Zentren vom reinen Produktexport zum Kapitalexport übergegangen sind. Das wird politisch massiv von den Eliten der Zentren gefördert.

Die Finanzbranche als ausführendes Organ des Kapitalexports genießt die Protektion und die Förderung der jeweiligen Oberschicht, weil sie damit strategische Interessen der Zentren sichert. Denn der Schritt zum Kapitalexport ist eine entscheidende Stufe in der Entwicklung der ökonomischen Zentren. Während sie bisher selber Arbeiten mussten um möglichst gute und günstige Güter zu produzieren, können sie dann als Kapitalexporteur die Hände ruhen lassen. Der steigende Lebensstandard wird dann durch Zinsgewinne gesichert.

Die Finanzbranche ist im Gegensatz zur Realwirtschaft in der glücklichen Lage weniger Konkurrenz zu kennen. Während der Güterexporteur immer wieder die potentiellen Käufer von den individuellen Vorteilen seines Produktes überzeugen muss, kann sich die Finanzwirtschaft zu einem guten Stück dieser Herausforderung entziehen. Sie muss nur einmal überzeugen! Ihre große Herausforderung liegt ganz woanders. Die große Konkurrenzsituation der Finanzbranche ist es, die guten Schuldner, also renditestarke und sichere Geldanlagen für sich zu sichern, sie den anderen Geldhaien wegzuschnappen!

Sobald das geschafft ist müssen nur noch die Zinsen vom Schuldner verwaltet, verteilt, verjuxt werden! Die Finanzwirtschaft in den kapitalexportierenden Zentren wächst deshalb stärker als die produktive Realwirtschaft und gewinnt überproportionalen Einfluss.

Dem Vorteil der strategisch bedingten politischen Protektion tritt noch ein weiterer entscheidender Faktor zu Seite. Denn gezahlt werden müssen die Zinsen auf jeden Fall. Und hier kommt die Politik zum zweiten Mal, und auch noch entscheidend für das Thema des Buches wieder ins Blickfeld. Der Kapitalexporteur wirtschaftet, lebt von den Zinsen. Wenn die Schuldner diese Zinszahlungen nicht leisten, fällt der hochspezialisierte, aber real unproduktive Kapitalexporteur in ein tiefes dunkles Loch. Aber müssen die Kreditnehmer ihren Schuldendienst leisten?

Die Frage führt zur zweiten Seite der großen Klammer, die Kapitalexporteure und Politik verbindet. Die eine Seite haben wir schon gesehen, die Kapitalexporteure ziehen Reichtum an ihre jeweilige Spielplätze. Das ganze auch noch ohne Produktion, Mühen, Risiken oder gar Umweltverschmutzung. Aber jedes Ding hat seine zwei Seiten. Dieses Geschäftsmodell funktioniert nur solange, wie der Kapitalexporteur in der Lage ist, die Zinszahlungen auch falls nötig „Einzutreiben". Man muss nicht einmal in die Sphäre der Mafia und ihres Wuchers hinabsteigen. Wie soll der Kapitalexporteur die Sicherheiten eines Kreditnehmers im Fall des Falles zu Geld machen? Wir reden hier über internationale Geschäftsbeziehungen, zum großen Teil zwischen nominell politisch unabhängigen Staaten oder supranationalen Einrichtungen. Wie soll also ein Kapitalexporteur seine Interessen sichern? Dazu Bedarf er politischer Machtmittel, der politischen Machtmittel über die souveräne Staaten verfügen!

Damit beginnt die einschneidende Veränderung für ein ökonomisches Zentrum, das sich zum Kapitalexporteur aufschwingen will. Es muss die politischen Machtmittel schaffen, um das verliehene Kapital der in ihm agierenden Kapitalexporteure zu sichern und dem Schuldner gegenüber die Zinsforderungen durchsetzen zu können.

Nun, zum einen hat sich ein guter Teil des Weltmarktes selbst verpflichtet sich an die offiziellen Regeln des Kapitalexports zu halten. Da konnte auf Institutionen zurück gegriffen werden, die die Zentren der Welt schon begründet hatten um Streitigkeiten aus ihren Güterexportgeschäften zu klären. Aber diese Institutionen alleine haben nie gereicht. Schon immer bedurfte es zur Sicherung der ökonomischen Interessen der konventionellen Macht. Auch hier hat schon eine gründliche Entwicklung stattgefunden die bis zu einem supranationalen Zusammenschluss einiger Staaten in gemeinsamen „Verteidigungsgemeinschaften" geschritten ist: G8, UNO und die NATO. Die Nato ist das Beispiel per exellence. Sie verteidigt nicht nur die politische Souveränität aller ihrer Mitglieder, sondern tritt auch als gemeinsame konventionelle Sicherung „westlicher" Wirtschaftsinteressen auf. Die Nato aber hat keine Zukunft mehr.

Ihre schleichende Schwächung, bis hin zum Siechen ist eine der begleitenden Entwicklungen in Richtung Krieg der Zukunft. Deshalb möchte ich hier etwas näher auf sie eingehen. Die Nato war früher eine politische Organisation der konventionellen Macht aller zum US- Imperium gehörenden Teile. Sie war ein Teil der bi-polaren Welt der Ost-West Konfrontation und hat skurrilerweise diese Konfrontation überlebt. Das gelang nur, weil sie vom antisowjetischen Schutz-und-Trutz-Bündnis zum internationalen Interventionsmittel der zum „Westen" gehörenden Staaten umgebaut wurde. Das hatte aber nur solange Bestand, wie alle wichtigen Natomitglieder identische Interessen verfolgt haben.

Genau das ändert sich gerade und wird in naher Zukunft in das Gegenteil umschlagen. Dann nämlich, wenn die EU ihre Interessen auch gegen die USA, gegen die Türkei, Australien und Co verfolgt. Unnötig zu bemerken, dass die USA schon länger die Nato für ihre selbstsüchtige, der EU abträglichen Politik (siehe Afghanistan) benutzen. Sobald die EU an ihrem Alliiertenstatus rüttelt, wird die Geschichte der Nato als konventioneller Machtverein beendet sein. Dann kommt es wieder ganz grundlegend auf die eigenen konventionellen

Machtmittel an.

Die hat jedes Zentrum bisher zur Selbstverteidigung natürlich schon gehabt, bald, vielleicht schon jetzt, muss diese militärische Macht global einsetzbar sein um auch ohne Nato die Zinsen eintreiben zu können. Jedes Kapital exportierendes Zentrum braucht die Fähigkeit zur militärischen Intervention! Denn darum geht es doch den Kapitalexporteuren, endlich eine politische Ausfallversicherung für ihre internationalen Kredite zu bekommen. Sobald aber diese Machtmittel da sind, wandelt sich das ökonomische Zentrum endgültig zum Imperium.

Die global, mindestens aber in der eigenen Peripherie einsetzbare militärische Maschinerie schafft neue politische Bedingungen und entwickelt eine Eigendynamik. Sie kostet große Summen und die müssen aufgebracht werden. Wer soll sie aufbringen, die real produzierende Exportindustrie, die Kapitalexporteure selber oder gar die Gemeinschaft der Beschäftigten der Zentren? Diese Frage schafft politischen Zündstoff, der nur dann entschärft werden kann wenn die militärische Interventionsfähigkeit auch zum Wohle des ganzen Zentrums eingesetzt wird!

Es erwachsen eine ganze Anzahl von Faktoren die allesamt zum Einsatz der Machtmittel drängen. Wer ein Schwert schmiedet, will er es nicht auch einmal benutzten? Vor allem dann wenn der Streit mit den Nachbarn immer heftiger wird? Das ist unsere Gegenwart. Wir erleben gerade wie aus immer mehr Zentren Imperien werden, und der Ton unter den glorreichen Sieben immer rauer wird. Wer aber sind diese „glorreichen Sieben"?

Politisch gesehen gibt es sieben wirtschaftliche Machtzentren auf unserer Erde die Imperium sind, oder Imperium sein könnten, oder im Begriff sind Imperium zu werden. Als Imperium ist in diesem Ansatz ein ökonomisches Zentrum, umgeben von einer politisch und wirtschaftlich von ihm abhängigen Peripherie zu verstehen. Das Imperium nutzt dabei die ökonomischen Ressourcen der Peripherie zu seinem Vorteil aus. Das weitere Wachstum ökonomischer Macht ist der Sinn und Zweck eines Imperiums. Hier ist der oben erläuterte Kapitalexport entscheidend!

Dabei sind Zentrum und Peripherie zwei verschiedene politische Räume. Also zum Beispiel die EU als imperiales Zentrum ist politisch klar abgegrenzt von seiner ökonomischen Peripherie in den Maghreb-, Balkan- und Osteuropäischen Nachbarstaaten. Die Imperien der Welt sind in der politischen Bedeutungsreihung gesehen: Die USA, die EU, die Volksrepublik China, Russland und eingeschränkt Japan. Potentielle Imperien sind Brasilien und Indien. Bedeutendes Imperium kann also nur sein, wer über eine bestimmte ökonomische Machtgröße verfügt. Deshalb sind weder Südafrika, nicht die Türkei, weder Israel noch der Iran potentielle Imperien, obwohl sie ihre unmittelbaren Nachbarn häufig zu einer ökonomischen Peripherie degradieren und mit militärischer Gewalt Bedingungen zu diktieren versuchen.

Die schiere Größe der Machtmittel ist eine entscheidende Frage; nicht aus einer Art wirtschaftlichen Penisneids heraus, sondern es geht viel mehr ganz banal um die Frage, wer sich die politischen und militärischen Kosten einer imperialen Weltstellung leisten kann. Denn auch hier gilt, ohne Investition keine Gewinn, ohne Risiko keine Option!

Die Kosten imperialer Macht sind gigantisch. Ein Imperium muss in der Lage sein, sich einen kompletten, hochmodernen, konventionellen militärischen Arm aufzubauen und zu erhalten.

Er reicht nicht, ihn nur zu kaufen. Wer auf Importe von Rüstungsgütern angewiesen ist, kann nicht unabhängige imperiale Macht sein.

Der gesamte Komplex von Entwurf, Forschung, Produktion und Einsatz muss innerhalb des Imperiums realisierbar sein. Dabei geht es nicht in erster Linie darum diese militärischen Machtmittel einzusetzen, sondern sie so zu vervollkommnen, dass es für schwächere Mächte vollkommen illusorisch ist mit der Hoffnung auf Erfolg Widerstand leisten zu können. Der militärische Arm ist das politisches Druckmittel schlechthin. Je stärker er ist, desto größer seine Wirkung im ökonomischen Konkurrenzkampf.

Das bedeutet aber auch, dass ein Imperium rüstungstechnisch alles leisten können muss. Das reicht von Radar-, Nachtbild- und Wärmestrahlungsbasierter Aufklärung bis hin zum optimal ausgebildeten Fachpersonal und dem zukunftsträchtigen modernen Waffensystem Kampfdrohne. Und all das muss selber erforscht, entwickelt, produziert, ausgebildet und bedient werden. Und darüber hinaus in ausreichender, besser noch, großer Menge verfügbar sein. Zudem muss jedes Imperium über die ultimative Lebensversicherung politischer Macht verfügen; der atomaren Vernichtungsoption!

Wobei es reicht, die reine ökonomische und technische Möglichkeit zu haben, innerhalb kürzester Zeit über atomare Vernichtungswaffen zu verfügen. Der unmittelbare Besitz ist noch nicht nötig. Das alles, die konventionelle moderne Rüstung und die atomare Vernichtungsdrohung können nur die stärksten ökonomischen Zentren der Welt leisten. Deshalb kann ein im globalen Vergleich ökonomischer Zwerg wie Israel zwar über alle entscheidenden Rüstungsbereiche verfügen, aber mangels Masse doch nur eine wenig bedeutende

Regionalmacht sein. Anders herum ist deshalb Indien, das nun wirklich bisher höchst selten imperiale Aggressionen nach außen getragen hat, nah dran Imperium zu werden. Es verfügt über die atomare Drohung und hat eine ausreichend große wirtschaftliche Basis um sich auch ein konventionelles modernes Heer aufbauen zu können. Das ist nämlich ein ganz bedeutender Punkt, der häufig vergessen wird.

Die erwartete Entwicklung bestimmt schon heute die Wahrnehmung. Indien als wachsende Macht, und noch viel stärker China, werden als starke Zentren akzeptiert, obwohl beide nur über lausige militärische Kapazitäten verfügen. Ihre konventionellen Kräfte halten keinen Vergleich mit den aktuellen Zustand westlicher Imperien aus. Zur Zeit kann es niemand mit der konventionellen Kapazität der USA aufnehmen und das wird auch noch einige Zeit so bleiben. Aber erwartete Zukunft definiert auch die Handlungen in der Gegenwart. Jeder kann erkennen, dass die USA große ökonomische Schwierigkeiten haben, dass ihre aktuelle fulminante Stärke also nicht nachhaltig ist. Und jeder kann erkennen, dass die Volksrepublik trotz ihrer bisherige Sprünge noch immer ein gigantisches ökonomisches Potential hat, welches das der USA bei weitem übersteigt. China kann also auf- und überholen wenn den USA die Puste ausgeht. Wir erwarten es, und wir handeln danach. Die USA verlieren ihre Selbstsicherheit und treten deshalb nicht mehr mit der Lockerheit des Überlegenen sondern mit der Aggressivität des Ängstlichen auf.

Währenddessen wird die chinesische Führung zunehmend geschmeidiger bei der Verfolgung ihrer politischen Ziele. Imperiale Macht zeigt viele Gesichter. Nehmen wir zum Beispiel Japan, ein Land das eine atemberaubende ökonomische und technische Entwicklung hingelegt hat, und das trotzdem die letzten Schritte zum Imperium nicht gehen kann.

Es verfügt über gigantische technische und ökonomische Kapazitäten und wäre innerhalb kürzester Zeit, also eher Monate als Jahre, in der Lage die nukleare Abschreckung zu produzieren. Gleichzeitig hat es eine große Peripherie mit seinem Kapital durchdrungen. Selbst China hat, und tut es immer noch, zum finanziellen Wohle Japans produziert. Trotzdem sieht in Japan kaum jemand einen Konkurrenten im imperialen Machtpoker. Japan hat sein Potential weitestgehend ausgeschöpft. Es ist als Staat hochverschuldet und ökonomisch am stagnieren. Seine Bevölkerung ist total überaltert und schrumpft. Selbst eine neue Schlüsselinnovation würde wohl nichts mehr ändern. Denn sein größtes Manko ist, dass es jetzt im Schatten des roten Riesen steht. Chinas Wachstum der letzten Jahrzehnte hat Japans politische und ökonomische Freiräume schrumpfen lassen. Je stärker sein Nachbar China wird, desto mehr erscheint Japan als das Land der untergehenden Sonne.

Auch die Europäer haben ein Imperium mit individuellem Charakter geschaffen. Wobei wir einen wichtigen Punkt nicht vergessen sollten: Also ich selber habe nicht daran mitgetan ein imperiales Europa zu schaffen. Ich wurde nicht gefragt und hätte es wohl auch verneint meine wenigen Euros auch noch zu exportieren. Geht es Dir da anders? Wurdest Du gefragt? Nein, unsere *Eliten* haben das Projekt „Europa" an uns vorbei gedeichselt. Sie trauen uns nicht und halten die europäischen Völker für innenpolitische Unsicherheitsfaktoren ihrer Außenpolitik. Deshalb werden wir weder gefragt, noch dürfen wir mitbestimmen.

Auch so kann eine parlamentarische Demokratie wirken! Wie, warum und wozu soll im weiteren genauer erläutert werden. Deshalb will ich als nächstes die EU als Imperium vorstellen, dazu ihre politischen Verbindungen mit den anderen Imperien und den Freien der Welt.

Die EU als Imperium

Die EU war schon immer eine Art Verein. Nur schließen sich in ihr nicht nur irgendwelche Hühnerzüchter oder Kleingärtner zusammen um gemeinsam besser wirtschaften zu können. Die EU hatte diesen Moment des gemeinsam-besser-wirtschaftens zwar auch als Kopfidee, in der Realität stellte sich das ganze aber langfristig als ziemlich illusorisch dar.

Die ökonomisch Starken machten auch innerhalb der EU beste Geschäfte mit den ökonomisch Schwachen. Deutschland exportierte dank EU also noch mehr nach Griechenland, Spanien und Co, während diese Länder alle Importe mit geliehenen Geld aus Deutschland, Frankreich und Co bezahlten und so immer weiter in eine Abhängigkeit von den starken Teilen der EU rutschten. Ihr wirtschaftlicher und politischer Handlungsspielraum schrumpfte proportional zu ihren Verbindlichkeiten. Wie weit diese politische Unfreiheit gehen kann zeigte als erstes das Schicksal Griechenlands, dessen wirtschaftpolitische Handlungen mittlerweile zum Teil fremdbestimmt sind. Ökonomie kontra Demokratie, ein wunder Punkt auch in allen anderen westlichen Politsystemen.

Einzelne Gesellschaften verlieren innerhalb der EU also den größten Teil ihrer Freiheit. Ihre Eliten wollen sie aber unbedingt innerhalb der EU halten. Warum? Was ist so wichtig, dass man die ökonomischen Unfreiheit akzeptiert? Warum bleiben sie auf Teufel-komm-raus unbedingt in der EU?

Die Antwort führt zum politischen Kern der EU. Machen wir es erstmal kurz. Ja die EU ist ein Verein. Die Mitglieder wollen gemeinsam mit anderen und untereinander besser wirtschaften, und sie wollen ein Imperium mit ökonomischem Herrschaftsanspruch gegenüber anderen begründen. Die EU ist also ein Verein von Imperialisten die sich zusammenschließen um den Traum vom Imperium nicht aufgeben zu müssen. Historisch stark vereinfacht war es doch so, dass die einzelnen großen europäischen Nationen immer versucht haben Imperien zu begründen. Nach dem ersten und zweiten Weltkrieg war aber auch dem letzten Imperialisten des Festlands klar geworden, dass kein europäisches Land stark genug war, die anderen Europäer beim Versuch die Nummer Eins zu sein beiseite zu schieben. Und darüber hinaus endete 1945 auch endgültig die Phase der europäischen Weltherrschaft. Vielmehr mussten die deutschen, französischen, italienischen und spanischen Imperialisten erleben, dass sie sich durch ihre dauernden Raufereien selber zur Kolonie der USA degradiert hatten. Da stellte sich die Frage: was nun?

Wenn zum Beispiel die Franzosen kein eigenes Imperium mehr erobern, geschweige denn erhalten können, dann können sie doch wenigstens mit den anderen Festländern zusammen ein Imperium begründen und erhalten. Dieser geistige Ansatz war die politische Triebkraft für die politischen Eliten Spaniens, Deutschlands, Italiens und Frankreichs die europäische Einigung voranzutreiben. Die wirtschaftlichen Eliten übersetzten das ganze in Formulierungen wie „besseren Marktzugang", „größere Marktanteile" und „mehr Gewinn". Also gleicher Inhalt, nur in andere Phrasen gekleidet.

Und die kleinen Länder und Wirtschaften Europas?

Kurz gesagt, sie wollen nicht von den Großen der Welt als Kolonie an die Wand gedrückt werden sondern ziehen den Schutz eines mitbegründeten Imperiums vor. Die Mitgliedschaft in der EU vergrößerte die außenpolitischen Spielräume kleiner und schwacher Länder. Das ist die beste Begründung warum Dänen, Luxemburger, Portugiesen und Griechen sich an die EU klammern.

Die Zukunft der EU zeigt sich aktuell Krisenschwanger. Die beginnende Phase der Konfrontationen wird auch die Spannungen innerhalb der EU verstärken. Die ökonomisch starken Länder werden danach trachten möglichst viel herauszuholen um innerhalb der Krisensituation ihre wirtschaftlichen Freiräume zu erweitern und zu erhalten. Das bedeutet, dass Deutschland als Exporteur, Gläubiger und Nettozahler der EU-Struktur einen Teil seiner ökonomischen Belastungen an die schwachen Länder wie Portugal, Irland und Griechenland und Co. abwälzen will und wird.

Das wird sich je nach Land in unterschiedlicher Intensität zeigen. Denn natürlich müssen die starken Länder wie Deutschland und Frankreich danach trachten die EU nicht zu sprengen, indem sie die anderen Mitglieder des Imperialistenvereins zu stark ausnehmen. Wie stark ein kleines oder ökonomisch schwaches Land betroffen sein wird, hängt von seinem individuellen politischen Freiraum ab.

Die Griechen zum Beispiel pflegen eine ziemlich dämliche Erbfeindschaft mit ihrem viel stärkeren Nachbarn der Türkei. Die Türkei begreift sich als Regionalmacht und erhebt auch gegenüber den Griechen einen Machtanspruch. Die Griechen können also überhaupt nicht aus der EU austreten wenn sie sich nicht dem türkischen Machtanspruch unterwerfen wollen. Deshalb ist es sehr unwahrscheinlich, dass Griechenland politisch der EU den Rücken kehrt.

Anders hingegen Portugal. Der politische Handlungsspielraum dieses Landes ist viel größer. Es hat nur einen Nachbarn und ist mit diesem kulturell stark verbunden. Es fühlt sich deshalb in keiner Weise in seinem Bestand bedroht und kann der EU ohne große politische Herausforderungen den Rücken kehren, zudem es sich sicher sein kann, dass die EU selber wiederum ein großes Interesse hat, das Land nicht als Einfallstor für andere Imperien zu sehen, sondern selbst Portugal als Sprungbrett nach Brasilien zu nutzen. Portugal könnte sich dem ökonomischen Druck der großen EU Länder durch Austritt also weitestgehend entziehen.

Auch die Dänen stehen in einer guten Postion dar, da sie wirtschaftlich bisher sehr erfolgreich waren. Sie sind wirtschaftlich nicht an die EU gekettet und haben mit dem skandinavischen Raum auch eine alternative politische Heimat. Luxemburg hingegen mag bisher extrem durch die EU gewonnen haben, es ist aber wie kein anderes kleines europäisches Land von Frankreich und Deutschland abhängig. Es kann weder vor, noch zurück und ist dazu verdammt quasi als letztes Land die EU zu verlassen. Ähnliches in abgeschwächter Form gilt für Belgien und die Niederlande, wobei die Niederlande etwas besser dastehen.

Polen wiederum hat historisch das Problem zwischen Ost und West eingekeilt zu sein. Je mehr die Russen auftrumpfen, desto stärker drückt es die polnische Politik nach Westen. Erschwert wird für Polen alles, weil es wirtschaftlich auch auf den Osten angewiesen ist.

Zwischen den Kraftzentren der EU (Deutschland, Frankreich, Italien) und den kleineren Staaten gibt also mehr als genug Bruchlinien politische Querelen und wirtschaftliche Ungleichgewichte. Insgesamt ist aber davon auszugehen, dass die EU als politisches Konstrukt bestehen bleibt. Die imperialen Interessen ihrer großen Mitglieder stabilisieren sie. Das bedeutet aber nicht, dass sie auf jeden Fall in der aktuellen

Gruppe bestehen bleibt. Viel wahrscheinlicher ist, dass es im Zuge einiger ernsthafter Krisen zum Abbröckeln an der Peripherie des Imperiums kommt. Ob es nun Portugal, Dänemark oder Polen ist, das versucht eigene Wege zu gehen ist relativ unerheblich. Bedeutender für Dich und mich ist dann zu überlegen, wie die Politik des bestehenden Imperiums EU gegenüber seiner Umgebung und der Welt aussieht.

Einem „Aussteiger" gegenüber wird das Verhalten davon bestimmt werden, ob man ihn eigentlich noch braucht, ob er wirtschaftlich erpressbar bleibt und ob er versucht sich einem politischen Konkurrenten anzudienen. Sollten zum Beispiel die Polen ihr Heil bei den USA suchen, werden die europäischen Eliten bestimmt Mittel und Wege finden dem Land klarzumachen, dass man nicht begeistert ist, wenn ein Nachbar sich an fremden Stadtvierteln orientiert. Ähnliches erlebte Spanien unter der Regierung Aznar, das sich in Zeiten des Irakkrieges hin zu den USA umorientiert hatte.

Doch insgesamt werden die Aussteiger eine eher unbedeutende Rolle spielen. Andere Arenen sind um Längen wichtiger.

Die EU und ihre Peripherie

Ganz entscheidend für die zukünftigen Geschicke der EU und unsere Rolle im Krieg der Zukunft ist die Entwicklung in der politischen und wirtschaftlichen Peripherie. Dazu gehören Island und die kleinen Länder Osteuropas mit der Ukraine als Übergangsland zum russischen Machtbereich. Auch die Türkei gehört dazu, ist aber als regionale Militärmacht hauptsächlich ökonomisch involviert. Insgesamt ist zu beobachten, dass militärische und politische Macht die wirtschaftliche Abhängigkeit mildert. Wer selber etwas in die Waagschale legen kann genießt eben einen größeren Freiraum.

Eine Lektion, die der Iran sehr gut verstanden hat und konsequent, vielleicht zu konsequent, zu beachten trachtet. Zur europäischen Peripherie gehören auch die Mahgrebstaaten die ökonomisch sehr stark von Europa abhängig sind. Die Überseegebiete der ehemaligen Kolonialländer und Teile Schwarzafrikas werden ebenfalls ökonomisch von Europa genutzt. Es handelt sich also schon um ein großes Stückchen Erde, dass die Europäer ihren wirtschaftlichen Normen unterworfen haben. Natürlich sind die genannten Länder nicht die wichtigsten Wirtschaftspartner der EU. Darum geht es hier aber auch gar nicht. Es sind die ökonomisch eindeutig von der EU abhängigen Teile der Welt!

Dass der Güteraustausch alleine mit Russland größeren Umfang haben kann ist da nicht von Bedeutung. Es wäre ein grundlegender Fehler im Imperium-Peripherie-Konstrukt neokolonialistische Bestrebungen zu erkennen. Nichts liegt Brüssel, Berlin oder Paris ferner. Kolonialmächte tragen schließlich zu einem gutem Teil Verantwortung für ihren Besitz! Koloniale Macht kostet. Wer Macht direkt ausübt, kann zur Verantwortung gezogen werden – in der Summe entscheidend teure Nachteile. Nein, Europa will nicht mehr Kolonialmacht sein. Niemand stellt sich vor, wieder Maghrebstaaten militärisch zu besetzen und die wirtschaftliche Ausbeutung administrativ organisieren. Das ist überholter Quatsch. Heute funktioniert Wirtschaft anders.

Worum aber geht es denn?

Die Kolonien vergangener Zeiten sollten folgende Vorteile für das Mutterland bringen. Erstens sollten sie Rohstoffe liefern. Das tut die Perpherie heute auch, nur ohne dass man die Ausbeutung der Ressourcen von einem Mutterland aus militärisch sichern müsste. Die Peripherie ist darauf angewiesen ihre natürlichen Reichtümer zu verkaufen um Überleben zu können. Dabei ist es entscheidend zu verinnerlichen, dass nur die wenigsten Länder einer Peripherie eine eigenständige ökonomische Bedeutung besitzen. Die wirtschaftliche Bedeutung rührt aus der Gesamtheit der Gruppe, nicht so sehr aufgrund individueller ökonomischer Faktoren. Das hat zur Folge, dass einzelne Länder für das imperiale Zentrum EU praktisch keine ökonomische Bedeutung haben, sie nur in der Summe aller Teile der Peripherie wichtig sind.

So ist zum Beispiel die EU nicht darauf angewiesen, dass Mali Teil ihrer Peripherie bleibt. Sie ist aber auf die Peripherie als solches angewiesen und um die Peripherie als Ganzes zu stabilisieren wird sie deshalb Mali mit allen Mitteln daran hindern seinen Status komplett zu ändern. Das fällt der EU recht leicht. Schließlich sind die weniger entwickelten Gesellschaften darauf angewiesen moderne Technik und Wissen zu importieren. Was man nicht selber entwickeln kann aber dringend braucht wird halt eben gekauft. Für Europa bedeutet das sichere Rohstoffversorgung ohne Besatzungs-,

Verwaltungs- und Sicherungskosten.

Zweitens dienten die Kolonien als Absatzmarkt. Na, und wie oben erwähnt, auch heute kaufen sie Produkte der Zentren, da sie weder technisch noch ökonomisch mithalten können. Das ist das ökonomische und politische Schicksal der Peripherie. Sie muss vom weiter entwickelten Zentrum kaufen, ihm also wirtschaftlich „hinterherhinken"!

Drittens sollten anno dazumal die Kolonien die „überschüssige" Bevölkerung der Kolonialmächte aufnehmen. Das Problem hat sich für die EU durch die sinkenden Geburtenraten von selbst erledigt, im Gegenteil braucht die EU als Ganzes Millionen von Wanderarbeitern aus der Peripherie um ihren Arbeitskräftebedarf in der Landwirtschaft und im Dienstleistungssektor sicher zu stellen. Die bekommen sie ganz einfach weil in der Peripherie wirtschaftlich nicht viel los ist und zig Millionen von Menschen selber „rüberkommen" um dann als Illegale für lächerlich geringe Summen ausgebeutet zu werden. Ohne Anwerbebüros, Prämien und Tarifentlohnung! Diese Menschen bezahlen die Reise selbst, sie zahlen selbst wenn sie krank werden und wenn sie einen Unfall haben. Sie zahlen immer alles selbst, zur Not mit ihrem Leben.

Aus südeuropäischer Perspektive ist der Maghreb die entscheidende Quelle billiger Arbeitskraft, Mitteleuropa rekrutiert wiederum hauptsächlich im Osten und Südosten. Mittlerweile, im Zuge der „Eurokrise", auch schon wieder innerhalb der EU. Diese Folge wirtschaftlicher Ungleichheit und Entwicklung spielt sich überall in der Welt ab, und trägt immer gleiche Züge. Egal ob Nigerianer, Mexikaner, Philipino oder Jemenit, die moderne Form der maximalen Ausbeutung von Arbeitskraft schafft global ein ähnliches Gesicht dieser flexiblen Lohnsklaverei.

Die europäische Peripherie hat für uns als imperiales Zentrum folgende Bedeutung: sie stellt Arbeitskräfte, liefert Rohstoffe und nimmt Fertigprodukte ab. Der grundlegende Unterschied zur Kolonialepoche ist die fehlende direkte Beherrschung der Peripherie durch das Zentrum. Die Gesellschaften der Peripherie sind politisch per se frei und könnten selbst über ihre Geschicke bestimmen. Mit bestimmten Limitierungen natürlich.

Denn da war ja noch etwas, ach ja, da ist ja trotz aller politischer Freiheit die wirtschaftliche Abhängigkeit. Die Entwicklungsunterschiede der Wirtschaften schaffen eine Hierarchie der Ökonomien. Die Schwachen sind dem Druck der Starken ausgeliefert. Welche „Folgen" das haben kann, ist am besten im Verhältnis Kuba versus USA zu beobachten.

Die Kubaner haben es gewagt, gleich mit ihrer gescheiterten Oberschicht auch die amerikanischen Kapitalinteressen abzulehnen. Sie haben ihre Freiheit wörtlich genommen und sie durchgesetzt. Die USA versuchen seither mit aller ökonomischer Gewalt das Land wieder politisch gefügig zu machen. Ohne die großen Freunde, erst die Sowjetunion, jetzt China, wäre Kuba schon längst am Ende. Welch destruktive Folgen ein ökonomisches „Embargo" eines imperialen Riesen für die Zwerge der Peripherie haben kann, ist auf Kuba exemplarisch zu beobachten. Völlig überteuerte Milch, die rationiert an Kinder verteilt wird, weil das Kraftfutter für Milchkühe nicht in ausreichender Menge im Land gewonnen werden kann.

Jede entwickelte Gesellschaft kennt diese wirtschaftlichen Abhängigkeiten. Nicht eine Ökonomie auf diesem Planeten ist vollkommen unabhängig von Importen. Die Kubaner trifft es hier im Bereich der Landwirtschaft, der Grundlage ihrer

Wirtschaft. Sie sind durch Klima, Wirtschaftsstruktur und Bevölkerungsgröße trotz aller Anstrengungen nicht in der Lage ohne Importe das Produktionsniveau zu halten, geschweige denn, es zu erhöhen. Ihnen fehlt es ganz banal an Düngemitteln und Technik. Sie besitzen nicht die notwendigen Ressourcen um hier selber Abhilfe zu schaffen. Alles Improvisieren und Ideologisieren hilft nichts gegen die Erkenntnis, auf den Import von Kunstdünger und Traktoren angewiesen zu sein. Die Kubaner *müssen* importieren. Weil ihr direkter Nachbar USA aus imperialer Machtpolitik beschlossen hat über die Insel ein Embargo zu verhängen, müssen die unbedingt benötigten Güter aus den Zonen der Welt beschaffte werden, die nicht unter der ökonomischen Fuchtel des US-Imperiums stehen. Diese Güter um die halbe Welt zu fahren ist für die kubanische Wirtschaft sehr teuer, es ist ganz banal zu teuer! So blutet ein Land der Peripherie ökonomisch aus weil es nicht akzeptieren mag, dass es Spielball der Großen ist.

Hier zeigt sich beispielhaft wie ein entwickeltes imperiales Zentrum durch ökonomische Gewalt versucht seine Herrschaft durchzusetzen. Die USA könnten alle von den Kubanern benötigten Produkte sofort in hoher Qualität und weitaus günstiger liefern. Sie verzichten aber lieber auf diese Umsätze und Gewinne mit dem politischen Ziel die Wirtschaft Kubas zu schwächen. Ziel ist es, die Kubaner zu zwingen ihre soziale und ökonomische Politik wieder nach den Vorstellungen der USA zu gestalten. Das Imperium USA versucht seinen imperialen politischen Gestaltungsanspruch durchzusetzen.

Denn von ihm her rührt die politische und ökonomische Nutznießung. Wer bestimmen kann wer, was, wann, wo und wie, dem rollt das Geld in die Tasche. Wer die ökonomische und politische Gestaltungsmacht hat kann die Bedingungen immer so anpassen, dass er gewinnt, gewinnen muss. Ob das nun mit den Mitteln von Umweltschutzvorgaben, Zollabbau und Produktnormierung geschieht ändert für die Schwächeren in der Peripherie nichts. Sie werden durch Fremdbestimmung wirtschaftlich benachteiligt und ziehen dadurch erst recht ökonomisch den kürzeren. Jeder Versuch auf- und einzuholen ist zum Scheitern verurteilt, wenn die Regeln, nach denen gewirtschaftet wird, einseitig vom Stärkeren nach gusto verändert werden können.

Wobei das natürlich eine kleine Vereinfachung ist. Nach gusto passiert auch in den imperialen Zentren EU und USA nicht viel. Die Entscheidungen werden innerhalb des Zentrums je nach politischem System mitnichten einfach so getroffen. Gerade die westlichen parlamentarisch-demokratischen Imperien machen sich die Entscheidungen selten leicht. Aber – und genau das ist der Knackpunkt der auch rechtfertigt an dieser Stelle darauf einzugehen – die Auseinandersetzung findet nur innerhalb des Imperiums statt. An ihr beteiligt sind die Kräfte des Zentrums. Die Verbindlichkeit der vom Zentrum gesetzten Normen reicht aber weit darüber hinaus. Die Peripherie ist ökonomisch und politisch gezwungen sich an Regeln und Normierungen zu halten, an deren Formulierung sie kein Stück involviert war. Das ist der Kern der wirtschaftlichen Fremdbestimmung. Es handelt sich auch mitnichten um ein neokoloniales Unterwerfungskonzept, sondern ist logische Entwicklungsstufe kapitalistischen Wirtschaftens. Kapitalismus bedeutet Anhäufung, und damit Ungleichheit! Ohne politische Kontrolle können die Exzesse des Kapitals nicht gemildert werden. Doch das Kapital ist schon längst Global aktiv, die Demokratie als einziges Mittel kapitalistische Exzesse zu mildern noch lange nicht. Sie stoppt an Parlamentstüren und politischen Grenzen, die dem Kapital weit offen stehen.

Deshalb haftet den bisherigen Versuchen diese offensichtlichen

Mißstände zu mildern und zum Beispiel die Wirtschaftspartner der Peripherie an Entscheidungsprozeßen des Zentrums zu beteiligen etwas tragisch Karikaturhaftes an. Ohne ähnliche politische Macht für alle Beteiligten, woher die sich auch immer speist, ist dieser Zustand der wirtschaftlichen Ohnmacht nicht zu ändern. Diese politische Macht ist aber in der Peripherie nicht verbreitet, und wo sie sich zeigt, ob in Kuba oder dem Iran, wird sie von den imperialen Zentren bekämpft.

So kann man eindeutig feststellen, dass die Peripherie heute dem Gestaltungsanspruch der Zentren weitestgehend ausgeliefert ist. Und genau deshalb steht den Zentren der Rest der Welt als ökonomischer Spielplatz zur Verfügung. Dem amerikanischen Kapital stehen zum Beispiel beide amerikanischen Kontinente als Betätigungsfeld offen.

Die ganzen Kontinente?

Nein!

Noch einmal zurück zu der Karibikinsel, die es bis heute wagt den USA die Stirn zu bieten und deshalb immer fürchten muss, dass ihr wortwörtlich der Himmel auf den Kopf fällt.

Kuba ist hier eben auch deshalb ein Paradebeispiel, weil es Stärken und Schwächen der ökonomische Gewalt des Zentrums deutlich macht. Das Embargo der Amerikaner wurde in seiner Wirkung immer wieder durch andere Machtzentren der Welt signifikant geschwächt. Nachdem Kuba durch das Embargo zu den Sowjets umgeschwenkt war, fütterten die das Land mit durch. Solange es also verschiedene miteinander konkurrierende Machtzentren gibt, können schwache Länder durch politische Flexibilität der totalen ökonomischen Ohnmacht entfliehen. Allerdings bleibt der Punkt der Fremdabhängigkeit bestehen. Denn die Hinwendung zum Ostblock machte Kuba abhängig und schuf nach dem Kollaps der UDSSR viel größere Probleme. Die Jahre danach haben deutlich gezeigt, dass man selbst eine Gesellschaft mit starkem politischen Bewusstsein durch ökonomische Machtmittel an den Rand des Zerfalls bringen kann. Hunderttausende kubanische Flüchtlinge, die ausgerechnet in die USA flohen, und das zunehmende nichtfunktionieren des kubanischen Staates zeigen es deutlich. Auch ist erkennbar, dass den flüchtende Menschen die Verantwortung der USA für ihre schlechte Lebensqualität unbekannt war oder zweitrangig erschien. Das offenbart einen wichtigen Punkt: Der große Vorteil ökonomischer Gewalt ist ihr anonymer Charakter. Es ist eine weite Erkenntniskette vom Tisch, an dem dir gerade barsch gesagt wird, dass die Milch alle ist, bis zum Oval Office, in dem Jahre vorher die dafür notwendigen Verordnungen und Gesetze unterschrieben wurden.

Doch noch einmal zu den Grenzen ökonomischer Gewalt. Mit dieser Form der Gewalt ist es nur möglich Gesellschaften zu treffen, die eine Entwicklung weg von der bedarfsdeckenden Agrargesellschaft begonnen haben. Rein agrarischen Ökonomien kann ein Imperium mit dieser Gewalt zwar auch Schaden zufügen, aber die fühlbaren Ergebnisse werden so gering sein, dass sie den Menschen nicht groß auffallen.

Ähnliches gilt für Gesellschaften, die sowieso politisch, sozial oder ökonomisch gescheitert sind und sich mitten in einer Gewaltspirale befinden. Ihr blutiger Alltag wird die Wirkung der externen ökonomischen Gewalt nicht zu Bewusstsein kommen lassen. Zwar werden in der Summe die Überlebensmöglichkeiten der Masse signifikant weiter abgesenkt, doch was nützt das dem Angreifer wenn das keiner bemerkt?

Je weiter aber eine Gesellschaft politisch entwickelt ist, je komplexer ihre ökonomische Vernetzung ist, desto mehr hat sie zu verlieren. Und hier kann das Kriegsziel neu formuliert werden: Ziel der Anwendung ökonomischer Gewalt ist es, den Gegner wieder politisch gefügig zu machen. Ob das geschieht, weil ihm die wirtschaftlichen Möglichkeiten weiterzukämpfen schlicht fehlen oder er befürchten muss, in naher Zukunft große Verluste einstecken zu müssen, spielt nur eine sekundäre Rolle.

Dadurch wird das Mittel der ökonomischen Gewalt zur Waffe der entwickelten Gesellschaften gegen anderen entwickelte Gesellschaften. Es wird die Hauptwaffe im Krieg der Zukunft sein. Der ganze Rest des militärischen, politischen und sozialen Arsenals wird in seinem Einsatz auf diese Waffe abgestimmt. Der Einsatz konventioneller Gewalt wird nur noch ein Mittel sein, um der ökonomischen Kriegsführung Vorteile zu verschaffen. Propaganda und Verbündetenpolitik, alles ebenfalls nur noch Begleitmusik um die eigene ökonomische Basis zu sichern und die des Gegners zu schwächen.

Kuba war ein Beispiel für die Entwicklung dieser Waffe, ihrer Möglichkeiten, ihrer Wirkung und ihrer Grenzen. Aber Kuba gehört nun wirklich nicht zur Peripherie Europas. Aber all die genannten Facetten ökonomischer Gewalt nutzt Brüssel auch um die Interessen „Europas" in seiner Peripherie durchzusetzen. Sie finden auch genau dieselben Grenzen beim Einsatz. Die multipolare Weltordnung der verschiedenen imperialen Zentren wird zunehmend der einzige Hemmschuh in der ökonomischen Unterdrückung der Peripherie sein. Auch die europäische Wirtschaftsmacht muss bei allem ökonomischen Gewaltpotential immer bedenken, dass die Länder der Peripherie per se politisch unabhängig sind und sich durch die Andienung an ein anderes Imperium dem eigenen wirtschaftlichen Zugriff entziehen können.

Das ist der entscheidende Puffer. Er maskiert die Ohnmacht der wirtschaftlich Schwachen. Sie müssen exportieren, importieren und einen Teil ihrer Aktivbevölkerung abwandern lassen. Nur an wen und wohin, das ist nicht politisch festgelegt. Wenn ein Land der Peripherie meint, es könne aus dem „Verbund" zu seinem Imperium austreten und ein anderer imperialer Interessent steht schon ante portas, kann es tatsächlich seine „Wirtschaftsbeziehungen" neu ausrichten. Gegebenenfalls als Preis sogar einige befristete ökonomische Vorteile herausschlagen. Es ist dann aber auf das neue Imperium angewiesen und bleibt fremdbestimmt. Der Lösungsansatz, sich mehreren imperialen Herren anzudienen und in einer Art geschmeidiger Schaukelpolitik frei zu bleiben ist hochgradig gefährlich. Wer Schaukelpolitik betreibt, reizt alle Beteiligten zu einem Spiel um den Einfluss. Ein Spiel, dessen Einsatz fast immer vom betroffenen Land bezahlt werden muss.

Selbst diese kleine Freiheit bleibt aber den meisten Gesellschaften der Peripherie vorenthalten. Schließlich ist die Herrschaft des Zentrums nicht ideologisch, sondern ökonomisch fundiert. Das bedeutet ganz konkret, dass sich die Stärke des Zentrums aus wirtschaftlichen Fakten speist. Das Zentrum ist weiter entwickelt, wirtschaftet profitabler und ist ökonomisch erfolgreicher. Deshalb sind die Produkte, die das Imperium verkauft, besser, moderner und günstiger. Als direkter Nachbar eines solchen Zentrums kannst du nicht mithalten, und auch nicht umdisponieren. Weder du noch ein anderes Imperium kann zu den Konditionen liefern wie dein mächtiger Nachbar. Und wenn es nur die Transportkosten sind, die die Chinesen auf Verkäufe nach Kuba aufschlagen müssen, diese Differenz kann sich ein Land der Peripherie nicht dauerhaft leisten. Wer das Glück – oder das Pech – hat, dass seine Heimat im wirtschaftlichen Einflussgebiet eines Imperiums liegt, der kann wenig daran ändern. Nur wer bereit ist aus politischen Erwägungen betriebswirtschaftlichen Unsinn zu betreiben, kann diese ökonomischen Grundfaktoren außer Acht lassen, und das muss man sich erst einmal leisten können. Und zwar auch politisch. Die in die USA flüchtenden kubanischen Wirtschaftsflüchtlinge zeigen, wie hoch der politische Preis innerhalb einer Gesellschaft sein kann!

Innerhalb der betroffenen Gesellschaften verschärfen sich die sozialen und politischen Auseinandersetzungen bis hin zum offenen Bürgerkrieg. Das ermöglicht dem Imperium sich eine Gruppe auszusuchen, die ihr Geschäft betreibt und dafür unterstützt wird. Die Hemmschwelle eines solchen Geschäfts ist in den Ländern der Peripherie genauso gering wie im Zentrum. Die ökonomische Abhängigkeit ist schließlich ein unausweichlicher Fakt. Wenn Fremdbestimmung quasi unumgänglich geworden ist, bleibt für die Betroffenen nur noch die Frage nach den Methoden und Bedingungen der Fremdbestimmung. Deshalb sind gerade die schwächsten Länder der Peripherie sehr anfällig.

Dem genau entgegen steht die Fähigkeit der Länder oder Gesellschaften, die irgendwelche Stärken geltend machen können ein großes Maß innerer Geschlossenheit aufrecht zu erhalten die sie davor schützt solcher Art zum Opfer zu werden. Besonders bitter für die zerbrechenden Gesellschaften wird es, wenn verschiedene äußere Mächte ihre Interessen durch solche Gruppen durchzusetzen versuchen. Das gebärt, erhält und füttert einen Bürgerkrieg und schafft auf Dauer ein hohles politisches Staatsgebilde dessen Raum zum Spielbrett anderer geworden ist. Eines der grausigsten Beispiele liefert der Kongo und Du und ich sollten nicht glauben, dass dort nicht auch für europäische Interessen gemordet wird. Imperien beauftragen schließlich gerne Subunternehmer!

Es ist nicht unwahrscheinlich, dass sich der Krieg der Zukunft in der Peripherie eines Zentrums entzünden wird. Die Zentren sind darauf angewiesen dort günstig Rohstoffe und Arbeitskräfte zu finden um ihren Absatz zu sichern. Denn es sind die günstigen Rohstoffe und Arbeitskräfte der Peripherie, die die ökonomische Stärke der Zentren in ihrer Konkurrenz auf dem Weltmarkt ausmacht.

Wenn ein ökonomisch wertvolles Kuchenstück von einem anderen Zentrum begehrt wird, ist eine kleine Konfrontation da. Die zwei Herren streiten sich dann um die sich aus Not Prostituierende, die wiederum versucht für sich das meiste 'rauszuholen. Solche Konfrontationen sind internationaler Alltag in unserer Gegenwart. Der „Streit" der beteiligten Zentren wird proportional zur wirtschaftlichen Bedeutung des Objektes geführt. Bis jetzt überlegen sich alle Beteiligten sehr genau, wie weit sie gehen und respektieren die „vitalen" ökonomischen Interessen der anderen. Noch ist genug Suppe für alle da.

Aber, und das ist bedeutungsvoll: der Ton wird immer rauer, der Einsatz höher. Es wird schon bald soweit sein, dass der Einsatz die wirtschaftliche Bedeutung des Objektes bei weitem übersteigt. Und dann ist der Streit um das Stück Peripherie nicht mehr Grund für die Konfrontation, sondern Auslöser einer Konfrontation. Dann wird auch keiner der Kontrahenten mehr bereit sein Rücksichtnahme auf den Besitzstand des Gegners walten zu lassen. Die Phase der begrenzten Konfrontationen wird dann der Vergangenheit angehören.

Wie das kommt? Die „Eliten" der Zentren sind zu der Überzeugung gelangt, dass bald schon nicht mehr genug Suppe für alle da sein könnte, und fragen sich zur Zeit noch, ob der

Verteilungsschlüssel mit Gewalt neu festgelegt werden muss. Diese Grundüberlegung scheint heute schon durch wenn es um Ölbohrkonzessionen, den Export seltener Erden und um Handelsstreitigkeiten geht. Sobald aber die Führung eines globalen Zentrums zu der Überzeugung gelangt, dass in absehbarer Zeit diese gewaltsame Klärung erfolgen wird, kann das Unglück, das auf uns alle zurollt kaum mehr aufgehalten werden. Wenn auch nur einer der globalen großen Spieler auf die Karte „Gewalt" setzt, verwandelt sich die Gruppe der imperialen Zentren in eine Gruppe Hyänen, die sich um die Beute streitet. Denn der Erste, der angreift ist im Vorteil! Dadurch steigt das Risiko, dass alle aus Angst, nur noch verteidigen zu können, immer eher geneigt sind selbst den ersten Schuss abzugeben.

Die Arena in der sich die Zentren an die Gurgel gehen werden ist die Peripherie, und zwar die ganze Summe der Länder und Gesellschaften dieser Welt, die den ökonomischen Charakter einer Peripherie haben.

Somit droht auch Europa Ungemach. Wir sind so wenig gezwungen wie jeder andere an dem Krieg der Zukunft mitzutun. Wir haben sogar weitaus bessere Chancen dem Gemetzel zuzuschauen, als daran beteiligt zu sein. Wir sind aber wie jedes Imperium darauf angewiesen, uns die Nutznießung unserer Peripherie zu erhalten. Und die USA als unser „Verbündeter" und sehr wahrscheinlich Beteiligter im Krieg der Zukunft ist darauf angewiesen, europäisches Potential ihrer Kriegsführung nutzbar zu machen. Die USA selbst werden schon bald nicht mehr das ökonomische Gewicht haben um ihre politisch gewollte imperiale Führungsstellung alleine aufrecht erhalten zu können.

Die anderen Hyänen und Kojoten aus dem wirtschaftlichen

Vorgarten draußen zu halten, „Freunde" auf Distanz zu halten um nicht in ihren Krieg involviert zu werden, den Teile der EU-Elite als Möglichkeit zur maßlosen Bereicherung begreifen, das ist eine politische Herkulesaufgabe für die EU.

War Herkules aber jemals in Brüssel?

Die EU und die USA

Das bisherige Verhältnis zwischen USA und EU ist durch den Juniorpartner-Charakter der EU zu Uncle Sam bestimmt. Je mehr die EU versucht unabhängig zu werden, desto stärker mischen sich die USA in europäische Angelegenheiten ein und versuchen mitunter nonchalant das kleine Euro-Imperium zu unterminieren. Man denke an den Unterstützerbrief, den die Bush-Administration durch die Botschaften der Irakkriegwilligen europäischen Länder wandern ließ, um Franzosen und Deutsche vorzuführen.

Ähnliches wird sich in weitaus größerem Umfang wiederholen wenn die EU anfängt global als eigenständige Macht aufzutreten. Die Einflussmöglichkeiten der USA werden dann aber ironischerweise durch die beginnende Wirtschaftskrise sinken, weil die allgemeine ökonomischen Krisensituation der kleinen europäischen Länder diese enger an die starken EU Partner binden wird. Die Möglichkeiten der USA die Entwicklung der EU zu stören, werden also schwinden. Die EU wird global als eigenständige Macht auftreten und ihre imperialistische Politik unabhängig von den USA verfolgen. Das ist die größte internationale politische Umwälzung der nächsten Jahrzehnte: Das Zerbrechen des „Westens". Ob das Zerbrechen zu einem Zerfallen wird, bleibt abzuwarten. Aus dem Ende des alten „Westens" und damit der Nato als Interventions-Zusammenschluß eine zukünftige Konfrontation EU versus USA abzuleiten ist aber etwas voreilig.

Die einzelnen Länder des EU-Imperiums akzeptieren die USA bisher als den Leitwolf. Es gibt keinen Grund daran zu zweifeln, dass die EU als Ganzes das ebenso tun wird. Das Imperium der EU wendet sich also nicht gegen starke Gegner wie die USA, sondern sein Sinnen und Trachten wendet sich eher in Richtung der benachbarten Zonen der Welt. Diese ökonomisch zu dominieren und sich genug Einflussmöglichkeiten auf strategische Rohstoffquellen und Märkte zu sichern um weiter wachsen zu können ist das Ziel. Die Grundidee des EU-Imperiums war es nicht, die globale Macht der USA zu schmälern, sondern wieder selbst Macht zu erlangen. Sie war also mehr passiver Natur. Langfristig sieht die Sache natürlich etwas anders aus. Die EU hat ein gigantisches Machtpotential und wenn es unseren Eliten gelingt es zu mobilisieren kann niemand heute absehen wozu sie es einsetzen.

Sicher ist nur, die EU bleibt bestehen und sie wird im nächsten halben Jahrhundert massiv an Macht gewinnen. Das Juniorpartnergefüge zu den USA wird dann nicht mehr passen. Akzeptieren die USA dann eine gleichwertige Partnerschaft, sind sie sogar bereit eine potentielle EU-Überlegenheit anzuerkennen? Greifen unsere Mächtigen dann wieder nach dem Platz an der Sonne?

Das sind Fragen, die zwar zu erkennen sind, ihre Antworten aber liegen noch zu weit in der Zukunft, um schon Entwicklungslinien sehen zu können.

Die EU und Russland

Das Verhältnis der EU zu Russland wird sich aller Wahrscheinlichkeit nach nicht groß verändern. Beide Seiten passen zur Zeit wirtschaftlich gut zusammen. Die EU kauft Öl und Gas, und Russland Technik und Know-how.

Da Russland eine Atommacht ist und als Erbe der Sowjetunion auch über eine höchst gefährliche interkontinentale Raketenwaffe verfügt ist es als Angriffsziel für direkte imperialistische Attacken eine paar Nummern zu groß. Allerdings hat Russland große innere Herausforderungen. Ob die gemeistert werden können ist nicht sicher. Als Sozialwesen ist Russland nah dran zu scheitern und in der Folge sind soziale und politische Unruhen zu erwarten. Wenn der russische Zentralstaat nicht mehr funktioniert oder auch nur zeitweise blockiert ist, wird Russland sofort zum Ziel internationaler Begehrlichkeiten. Das Land ist zu groß, zu reich und dann innerlich zu schwach um nicht als potentielle Beute für Angreifer zu erscheinen.

Wahrscheinlich ist, dass die EU russische Schwächephasen ausnutzt um Einfluss in den Randstaaten der GUS, Klein- und Zentralasiens zu gewinnen. Dieser Einfluss wird indirekt sein. Schließlich geht es zukünftig nur noch um die Kontrolle von Rohstoffen, deren Transitstrecken und das Ausschalten oder Paralysieren potentieller Konkurrenten. Niemand in der EU will Land militärisch besetzen. Es reicht, wenn die dortige Bevölkerung zum Nutzen der EU seine Rohstoffe abbaut. Dieser Ansatz erleichtert es auch, einer militärischen Konfrontation mit Russland auszuweichen. Sollte Russland innenpolitische Schwächephasen haben wird die EU also alles tun, um Einfluss auf die Randgebiete Russlands zu bekommen.

Da Russland das Recht dort Einfluss zu nehmen für sich selbst in Anspruch nimmt, wird es zu ernsten Reibungen zwischen der EU und Russland kommen. Diese werden wiederholt zu wirtschaftlichem Kräftemessen führen, wobei damit kein endgültiges Ergebnis zu erzielen sein wird. Weder sind die Russen so abhängig von der EU, dass sie erpressbar wären, noch ist die EU komplett von russischer Energie abhängig. Insofern ist es wahrscheinlich, dass es in den Gebieten Zentral- und Kleinasiens, sowie Osteuropas zu Stellvertreterkriegen kommen wird, und die Russen und die EU sich indirekt über die Unterstützung von Separatisten und Aufständischen bekämpfen werden. Dass China als Nachbar, die USA als Konkurrent und Japan als interessierter Rohstoffhabenichts im Hintergrund ebenfalls mitmischen macht die Situation noch unübersichtlicher und gefährlicher.

Insgesamt ist für die nächsten Jahrzehnte zu erwarten, dass sich die Reibungen zwischen der EU und Russland intensivieren. Je mehr der Druck zunimmt alte Quellen zu übernehmen, neue zu finden und zu sichern, desto ruppiger wird der Ton und die Form der Auseinandersetzung. Da nicht die EU alleine auf das russische Potential schielt, sondern vielmehr ein ganzes Rudel gieriger Machtgebilde ein Auge auf die russischen Rohstoffe werfen werden, bildet sich hier ein möglicher Brennpunkt zukünftiger Konfrontationen.

Von Außen unterstütze Aufstände, angefütterte Bürgerkriege in den Randgebieten des russischen Kolosses können auch im 21. Jahrhundert für eine ganze Menge Stellvertreterkriege sorgen. Das russische Massenvernichtungspotential wird aber dafür sorgen, dass die Konfrontation immer unterhalb des direkten Kriegs mit Russland bleibt. Als Mensch kann man nur hoffen und beten, dass in den nächsten Jahrzehnten die Wissenschaft kein Waffensystem entwickelt, das die atomare Abschreckung konterkariert. Denn sonst kann ein schwaches Russland zum Schlachtfeld des Dritten Weltkrieges werden.

Aller Wahrscheinlichkeit wird uns das aber erspart bleiben. Und es gibt noch einen anderen bedenkenswerten Punkt. Zwar sind die innenpolitischen Probleme groß und werden unausweichlich zu sozialen Spannungen in Russland führen, doch dürfte eben so klar sein, dass Russland als kulturell homogene Gesellschaft und damit auch als Staat auf jeden Fall bestehen bleiben wird. Sollte die russische Gesellschaft es schaffen ihre inneren Gegensätze friedlich auszugleichen und ihre Kräfte zur inneren Entwicklung zu nutzen, stehen wir vielleicht sogar am Beginn eines russischen Jahrhunderts. Russland ist auf diesen Planeten das Land mit dem größten und umfassendsten Potential. Hoffen wir, dass unsere Großkopferten das niemals vergessen.

Die EU und China

China war die letzten Jahrzehnte der Brennpunkt globaler Entwicklung und wird es auch noch weiterhin bleiben. Mit Chinas wirtschaftlichen Wachsen betritt ein weiterer Koloss die multipolare Weltordnung und die EU ist vielfältig mit ihm verbunden. Chinas Wirtschaftentwicklung war unser Wachstumskatalysator der vergangenen zwei Jahrzehnte. Die Eingliederung Chinas in die Reihe der westlich wirtschaftenden Gesellschaften hat den westlich definierten Weltmarkt noch einmal stark anschwellen lassen. Mit China haben sich auch die meisten anderen Länder Asiens angepasst und erleben gerade das Feuerwerk am Anfang der kapitalistischen Entwicklung.

Doch ach weh, die Geister die ich rief, die werde ich nicht mehr los. Das entwickelte und nach westlichen Methoden wirtschaftende China hat einen unstillbar wirkenden Hunger auf Energie und Rohstoffe bekommen. Es wird zum Konkurrenten der etablierten Mächte in der Kontrolle der Rohstoffquellen und stellt die bisherige Aufteilung der Rohstoffschätze der Welt in Frage. Es will ebenfalls zum Zentrum einer abhängigen Peripherie werden. Der politische Besitzstand müsste also umverteilt werden. Ein Vorgang, der dem Westen schon Zuhause innerhalb der eigenen Familie ideologisches Herzrasen beschert.

Die Frage wird sein, ob das Umverteilen, eher neu Aufteilen, auf freiwilliger Basis geschehen kann oder ob die Frage wer, was, wieviel und woher wieder einmal mit Gewalt ausgetragen werden wird. Vieles spricht leider dafür, dass in letzter Instanz die gewalttätige Variante der Klärung bevorzugt Anwendung finden wird. China ist sich mit Vietnam, Japan, Korea, Russland und der Mongolei uneins über Rohstofffragen und Grenzverläufe. Zudem sieht es Taiwan nicht als unabhängigen Staat an, sondern begreift es als abtrünnige Provinz. Eine Perspektive, die historisch ja nicht so falsch ist. Die Inselkonfrontation China versus Japan liegt ja gerade erst hinter uns. Und die USA, und deren englischer Pudel begreifen den Großteil Asiens als einen Weltbereich, der ihrer Kontrolle unterliegt, unterliegen muss wenn sie ihre Weltmachtgeltung nicht aufgeben wollen.

Genau dort keimt deshalb vermutlich der dritte Weltkrieg. Chinas Wachstum hat gerade erst begonnen. Es ist weder wirtschaftlich, noch technisch und ganz besonders nicht militärisch auf Augenhöhe mit den westlichen Staaten. Das aber wird sich ändern. China hat einen Weg eingeschlagen und muss ihn jetzt konsequent weiter verfolgen um nicht als Staat komplett zu scheitern. China wird weiterwachsen. Es wird also alles Chinamögliche unternehmen, um sich dafür einen ausreichenden Teil der globalen Energie- und Rohstoffreserven zu sichern. Es ist auch wahrscheinlich, dass den Chinesen das gelingt. Sie verfolgen bereits seit Jahrzehnten eine langfristige Strategie zur Durchdringung wichtiger Gebiete. Sie haben über Kuba in Südamerika Fuß gefasst und machen jetzt im Hinterhof des US-Imperiums Geschäfte; noch viel erfolgreicher waren sie in Afrika, wo sie bereits gut mit den Europäern mithalten können. Ihre Strategie der Geduld und der Stabilität trägt also schon erste Früchte.

Eine direkte Gefahr sind die Chinesen zur Zeit also für die EU noch nicht, das wird sich aber ändern wenn sich das Verhältnis von Angebot und Nachfrage bei den Rohstoffen weiter verschärfen wird. Da aber jedes Jahr das die Chinesen gewinnen ihnen Zeit zur weiteren Entwicklung gibt, also ihr Gewinn ist, werden sie inhaltlich geschmeidig gegenüber der EU und den USA auftreten. Anders sieht es mit den Anrainern Chinas aus, die schon jetzt bemerken müssen das Chinesen auch anders als freundlich und zuvorkommend sein können. Sie werden nämlich, wenn sie es für richtig halten, zuvorkommend fordernd.

Die wahrscheinlichste Entwicklungsrichtung ist, dass die Chinesen und die EU sehr vorsichtig miteinander umgehen werden und Konfrontationen eher ausweichen. Mal die außenpolitischen Muskeln spielen lassen ja, aber nicht direkt anrempeln. Die USA hingegen erkennen schon jetzt in China den nächsten Konkurrenten und werden zunehmend schroffer auftreten mit dem Hintergedanken, entweder die Kontrollgewalt über Chinas Entwicklung zu bekommen oder sie zumindest aber zu verzögern. Mit der Verschärfung der Rohstoffsituation ist davon auszugehen, dass die USA immer unverblümter auf eine Politik der Konfrontation mit China setzten werden.

Sie werden die EU direkt und indirekt über die Nato als Mittel dieser Politik zu benutzen trachten. In den Augen der USA ist das Nachwuchs-Imperium EU ein Vasall, der Truppen für die Feldzüge der Vereinigten Staaten beizusteuern hat. Die EU wiederum wird alles versuchen, sich dem Ansinnen der Amerikaner zu entziehen und den Konflikt zu vermeiden, zumindest aber ihn hinauszuschieben. Nicht, dass man glücklich wäre, China als neue Hegemonialmacht Asiens zu sehen. Nein, die indirekte Schwächung der USA über das eigene Wachstum und die Entwicklung Chinas werden die nicht genannten Ziele Brüssels.

Für die Eurokraten wird es darum gehen, die für die EU gewinnträchtigste Position in der militärischen Konfrontation der USA mit China zu finden. Wir werden also erleben, dass Washington uns unter Druck setzt und versucht die EU zu schwächen und wie andererseits China zu einem wichtigen Geschäftspartner aufsteigt, der versucht uns durch Business gütlich zu stimmen, während die EU versucht die USA von Interventionen abzuhalten.

Die USA werden an ihrem globalen Machtanspruch festhalten und wie alle bisherigen Imperien nicht freiwillig zurückstecken. China wiederum wird solange von den USA gereichte Kröten schlucken, wie es sich als eindeutig unterlegen wahrnimmt. Da seine Entwicklungsgeschwindigkeit allerdings deutlich höher ist als die der USA und davon auszugehen ist, dass sich die Chinesen die zur Entwicklung benötigten Ressourcen beschaffen können, wird sich das Machtpotential zwischen den beiden Kontrahenten deutlich zu Gunsten der Chinesen verschieben. Sie holen auf!

Zumal mit den chinesischen Fortschritten die unmittelbaren Nachbarn Chinas ihre Politik neu ausrichten werden, um nicht auf das falsche Pferd zu setzen. In Asien denkt man in weitaus längeren Bahnen als in Washington oder Brüssel. Das bedeutet nicht, dass sich alle Nachbarn und in der Peripherie des Riesenreiches befindlichen Länder ganz nach Peking orientieren. Je nach individueller Lage werden einzelne Nationen ihre Rettung auch in der Hinwendung nach Westen, Osten oder in einer Schaukelpolitik suchen. Und genau in diesem Grenzbereich wird sich die Konfrontation USA – China schleichend entzünden. Es kann gut sein, dass wir dort Beobachter des Krieges der Zukunft werden.

Das Wahrscheinlichstes Szenario ist, dass Land X, warum auch immer, im Vertrauen auf Hilfe seines jeweiligen großen Bruders Land Y gegenüber fordernder auftritt. Es gibt in Asien genug Inseln, Flussläufe, Bergspitzen und Stinkefrüchte, um die man sich bisher stritt. Ganz zu schweigen von den ökonomischen und sozialen Konfrontationen. Da wird es immer etwas geben was das Brandpotential entzündet.

Es braucht nur die falsche Konstellation von Streithähnen zu sein und schon läuft die Dynamik an. Die beiden Seiten stänkern sich an, versuchen sich gegenseitig zu destabilisieren, nutzen ökonomische Sabotage und gar Terror. Ihr Streit involviert dann ihre jeweilige Schutzmacht, die für politische und wirtschaftliche Munition sorgen wird. Wenn dann die USA oder China entscheiden, dass die Zeit reif sei um die Frage zu stellen, wer Asien beherrscht, geht es richtig los. Ein regionaler Streit eskaliert zum Stellvertreterkrieg.

Wir erleben dann aller Wahrscheinlichkeit nach den dritten Weltkrieg. Und so wie der Erste und der Zweite Weltkrieg sich strategisch und taktisch stark unterschieden, wird auch der Dritte für uns alle ein militärisches Novum werden. Er wird höchstwahrscheinlich eine chinesische Konfrontation. Das bedeutet, auch wir werden lernen müssen in langen Bahnen zu denken. Der Westen frönt mit Vorliebe der Blitzkrieg-Taktik. Mit möglichst viel und schnell auf den Gegner einschlagen damit er nicht wieder auf die Beine kommt. Am besten soll die erste Offensive auch gleich die letzte sein. Der Westen will in der ersten Runde des Boxkampfes gewinnen. Die Chinesen wiederum planen ihren Sieg für die neunte oder gar erst zehnte Runde. Sie erschöpfen ihre Gegner, zwingen sie in lange Konfrontationen, die ihre Kräfte überfordern. Nein, China kann nicht mit konventionellen Mitteln eine westlichen Armee mit einem Angriff überrumpeln. Aber der Westen kann auch nicht eine Auseinandersetzung führen, in der ein Ende auch nach Jahrzehnten nicht in Sicht kommt.

Aber genau so eine Konfrontation droht! Die Machtsysteme die sich hier gegenüber stehen würden sind zu groß, zu vernetzt, als dass ein einzelner befreiender Schlag einer Seite möglich wäre. Da beide Kontrahenten über ein großes Massenvernichtungspotential verfügen, verbietet sich der tradierte konventionelle Angriff aufs jeweilige Heimatland schon aus Gründen der Selbsterhaltung.

Nein, dieser Krieg wird anders sein. Hier eine Gefecht zwischen den Stellvertretern; da ein chinesischer Artilleriebeschuss, der zwar sofort Truppenverschiebungen auslöst aber auch nichts anderes bewirken sollte als genau das; hier eine Volkserhebung, die Niedergeschlagen werden muss; und überall Sabotage und Anschläge weil die Kontrahenten jede potentiell für den Gegner störende Terrorgruppe versorgen. Dazu an langen Fronten der Stellvertreter gegenseitig täglich hunderte Drohnen die zerschossen und ersetzt werden müssen. Ein penetranter weltweiter Spannungszustand. Die echte Globalisierung der Krieges.

Auf allen Kontinenten wird diese Machtprobe gefochten. Überall wird es Völker und Nationen geben, die die Stellvertreterauseinandersetzung führen. Ihre Konstellationen werden sich immer wieder ändern. Viele Länder, Nationen und politische Gebilde werden die Seiten wechseln. Der Krieg wirkt unübersichtlich und dabei bleibt die Auseinandersetzung merkwürdig indirekt. Wenn es pro Jahr einmal zu einer nennenswerten militärischen Offensive eines der Stellvertreter gegen einen Kämpfenden der anderen Seite kommt, wird das schon viel sein! Solche Aktionen werden auf diesem Schlachtfeld der Zukunft die absolute Ausnahme sein. Natürlich wird jede Seite eine günstige Gelegenheit dem Gegner einen Bauern wegzunehmen ergreifen, aber dabei wird es bleiben. Und was ändert es in einem Krieg Chinas gegen die USA wenn Simbabwe nach dem Umsturz nach US-Krediten anfragt, oder in Belize das Jointventure eines US-Konzerns enteignet wird? Die konventionelle Kriegsführung, die so ungleichmäßig aufflammt, ist nur Mittel die eigene ökonomische Stärke zu erhöhen, die des Gegners zu senken.

Dieser Krieg wird sich in unserer Lage merkwürdig statisch anfühlen. Es gibt keinen Befreiungsschlag, der Alb wird sich auf Generationen niederlegen. Denn es geht um die totale wirtschaftliche, menschliche, moralische und politische Auszehrung des Feindes. Das bedeutet für uns konkret, dass der Krieg mehrere Generationen dauern kann.

Es ist zu erwarten, dass dieser Krieg nicht aus dem Ruder läuft und dass eine heiße Konfrontation der USA gegen China nicht stattfindet. Er bleibt unterhalb einer bestimmten konventionellen Schwelle, um genug Abstand zur atomaren Vernichtung beizubehalten. Trotzdem wird dieser Krieg als die menschliche Katastrophe des 21. Jahrhunderts westlicher Zeitrechnung in die Geschichte eingehen. Milliarden Menschen werden unter ihm Leiden, die Opfer werden in die hunderte Millionen gehen. Und sein Ausgang ist offen.

Wer aus Reflex auf die USA setzt, unterschätzt das chinesische Potential; wer dieses Erkannt hat und China den Sieg zutraut, darf nicht außer Acht lassen, dass die USA einen großen Vorsprung haben, der eben nicht ohne weiteres aufzuholen ist. Wie er ausgeht tritt aber in Anbetracht der global zu erwartenden Opfer und Verwüstungen in den Hintergrund. Die Erkenntnis, dass dieser dritte Weltkrieg die ganze Welt zum Opfer der Machtpolitik zweier Imperien macht, lässt für die Zukunft der EU Düsteres erwarten. Als mit den USA verbundenes Gesellschaftssystem, das andererseits wirtschaftlich von der Entwicklung Asiens abhängt steht für uns viel auf dem Spiel. Ohne Weltmarkt, ohne Globalisierung, ohne Export und Import stehen die Länder der EU ökonomisch vor einem großen schwarzen Loch. Was tun, wenn die Wirtschaftsleistung innerhalb von zehn Jahren um 50% sinkt und dann dauerhaft stagniert?

Allerdings besteht die Hoffnung, dass die EU als politisches Gebilde nicht direkt in den Krieg involviert wird. Diese Hoffnung entsteht aus verschiedenen Überlegungen. Zum Ersten wird die EU zum Zeitpunkt des „Kriegs"-Beginns um vieles stärker sein als es heute der Fall ist. Zum Zweiten wird sie schon dabei sein, aus dem Schatten der USA herauszutreten und eigenständig politisch agieren. Als Drittes besteht die wahrscheinliche Möglichkeit, dass das Nato-Bündniss in seiner heutigen Form zum Zeitpunkt der Konfrontation nicht mehr existiert. Und als letztes und wichtigstes: Der schleichende Charakter des Krieges ohne deutlichen Anfang und erkennbare Bruchlinien ermöglicht es, den Krieg als politische Tatsache zu leugnen. Wenn er aber nicht öffentlich als ganzes wahrgenommen wird, braucht die EU auch nicht öffentlich Stellung zu beziehen. Die fehlende Feststellung eines Kriegszustandes ermöglicht ein langes Lavrieren. Die EU gewinnt jedes Jahr in dem sie sich noch nicht erklärt hat.

Unserer Brüsseler Mannen werden also erst einmal genau beobachten wollen wer, wie, was und wo und mit wem. Und erst wenn sie sicher glauben zu wissen wer gewinnt, werden sie sich daran begeben sich zu prostituieren. Außer ... aber dazu kommen wir später. Sollte es den Kontrahenten gelingen, die EU gleich zu Anfang als kämpfende Partei in diesen Krieg hineinzuziehen, wird er uns viel Kosten und nichts an Verbesserungen oder Fortschritt bringen.

Die EU und Afrika

Afrika ist - verallgemeinert - für die EU weitestgehend Hinterhof. Eine Gegend der Welt in der Rohstoffe zu finden sind der aber ökonomisch Verzwergt ist und wohl auch bleiben wird. Afrika als Ganzes ist Objekt imperialer Begehrlichkeiten und nur wenige politische Gebilde auf diesem Kontinent sind zu unabhängiger Außenpolitik fähig. Er ist Spielwiese der Auseinandersetzung der verschiedenen Machtzentren/Imperien der Welt. Für die EU sind die Maghreb-Staaten, die zur abhängigen Peripherie Europas gehören, wichtig. Hier verbittet man sich „Einmischungen" und wird diesen ökonomischen Herrschaftsanspruch auch mit Waffengewalt durchsetzten - was natürlich nur der Demokratisierung/dem Antiterrorkampf oder der Befriedung/Befreiung dient. Es ist davon auszugehen, dass daraus kein echter großer Krieg entstehen wird. Denn so gering Afrikas eigenes politisches und ökonomisches Gewicht ist, so unwahrscheinlich ist es, dass es als Kriegsgrund ausreicht. Der Krieg der Zukunft ist ein extrem teures Investment - ohne gigantische Gewinnmöglichkeiten wird niemand diese Summen aufbringen.

Die EU und Indien

Indien ist als Lieferant von landwirtschaftlichen Rohstoffen und Halbfabrikaten, sowie als Abnehmer vieler Produkte ein wichtiger Handelspartner der EU. Als eigenständige Großmacht wird es schon wahrgenommen, auch weil es Atommacht ist. Weitergehende Ambitionen sind unwahrscheinlich. Weder ist das Land ökonomisch, politisch noch sozial fähig einen modernen Krieg zu führen. Seine Erbfeinschaft mit seinem ebenfalls

Atomwaffen besitzenden Nachbarn Pakistan mit dem es sich immer während streitet, seine großen sozialen Probleme durch das Kastensystem und die große Armut lassen Indien nicht wirklich als Kandidat für ein Imperium aussehen. Allerdings verhindert seine schiere Größe und sein Atommachtstatus auch, dass es zum wehrlosen Spielball anderer wird. Zudem ist es die größte Demokratie auf Erden und hat als solche den politischen Schlüssel zur Lösung seiner inneren Probleme in der Hand. Es ist groß und stark genug, um sich aus einem Krieg heraus halten zu können, wenn es das will. Für die EU bedeutet das „Business as usal", und erst einmal keine politischen Herausforderungen.

Sollte aber in der sich ankündigenden Konfrontation USA/China einer der Kontrahenten es schaffen Pakistan gegen Indien zu benutzen, könnten diese beide Länder zusammen die Schrecken eines Atomkrieges auf die Erde bringen. Gott sei dank ist diese Möglichkeit nicht zu erwarten. Pakistanis und Inder sind sich gerade durch ihre lange Konfrontation der Risiken bewusst und versuchen aktuell zaghaft einen Weg zum Neuanfang zu finden. Ein Atomkrieg zwischen beiden wäre wahnsinnig und unlogisch. Leider sind unlogische und wahnsinnige Handlungen ein Spleen der Menschen!

Insgesamt hat Indien die vielleicht beste Ausgangslage um das Zeitfenster „Krieg der Zukunft" weitestgehend unbeschadet zu überstehen. Seine schiere Größe, seine wirtschaftlichen Möglichkeiten, die Chancen des politischen Systems „Demokratie" bieten der indischen Gesellschaft zudem eine ganz besondere Option. Indien könnte in der „Post-Dritten-Weltkriegs-Zeit" das politische und kulturelle Zentrum der Welt werden. Wenige Gesellschaften der Welt haben solch einen Strauß von positiven Optionen zur Hand. Die meisten Machtzentren der Welt werden eher durch summierte Risiken gekennzeichnet.

Die EU und Lateinamerika

Die meisten Länder Südamerikas zählen zur der ökonomischen Peripherie der USA. Sie verfügen nicht über genug politisches oder ökonomisches Gewicht um global eine Rolle zu spielen. Eine einzige Ausnahme bildet Brasilien auf das weiter unten weiter eingegangen wird. Der Rest wird hier etwas summarisch behandelt und nur spezifische Ausnahmen erwähnt.

Die USA üben eine starke Kontrolle im Norden aus. Mexiko ist dank NAFTA Spielwiese der Unternehmen geworden, die zwar US-Geschäfte machen wollen, aber nicht zu US-Sozialnormen. Die ökonomische Durchdringung Mexikos ist stark und reicht weit darüber hinaus in viele lateinamerikanische Länder. Die EU ist ebenfalls stark vertreten, Schwerpunkte sind Brasilien und Argentinien. Allerdings existieren in Südamerika starke soziale und politische Tendenzen Fremdbestimmung abzuschütteln.

Die USA müssen sich schon länger damit 'rumschlagen. Venezuela und Kuba sind heute die zwei Kristallisationspunkte, viele andere haben das Potential in Kürze zu solchen zu werden. Bisher sind das nur ökonomische Nadelstiche für die USA. Allerdings ist damit zu rechnen, dass, wenn der wirtschaftliche Druck durch eine globale Krise zunimmt, auch diese politischen Herausforderungen im Umfang steigen werden.

Die EU hat diese Schwierigkeiten noch nicht. Ihr ökonomisches Engagement in Brasilien und Argentinien wird gerne gesehen und hat Brasilien mit geholfen zum Schwellenland zu werden. Sollte die EU allerdings über das „Business as usal" hinausgehen und gar politischen Einfluss anstreben, kann dieser Versuch ein böser Bumerang werden.

Genau der Versuch auch politisch die Kontrolle zu übernehmen ist der Grund für die außenpolitischen Kalamitäten der USA in der Region. Südamerika liegt imperialpolitisch etwas Abseits. Seine Rohstoffe sind zwischen der EU, den USA und den regionalen Zentren des Kontinents aufgeteilt. Der Einfluss Russlands erschöpft sich in seiner Rolle als Waffenlieferant. China wiederum hat ein Sprungbrett mit Kuba gewonnen, dem es als Kreditgeber und Lieferant zur Seite getreten ist. Inwieweit das politischen Einfluss bringen kann, hängt davon ab wie dumm die US-Regierung handelt. Akzeptiert sie endlich die politische Selbstbestimmung der lateinamerikanischen Völker kann sie die ökonomische Durchdringung zu beiderseitigem Vorteil vorantreiben und Chinesen und Russen bleiben außen vor. Verbreitet das US-Imperium durch unnötige Aggressionen Unsicherheit, kann die Zukunft den imperialen Kontrahenten noch viele Möglichkeiten bieten, Hand an die Rohstoffe Südamerikas zu legen.

Genau von dieser Frage hängt auch viel für die Zukunft des Kontinents ab. Im „Krieg der Zukunft" wird Südamerika zur Peripherie der USA gehören. Bleiben die USA politisch geschmeidig, kann die ökonomische Kontrolle über diesen Kontinent ein entscheidendes Stärkemoment sein. Gehen die USA aus Gier, Dummheit oder Ignoranz über die Interessen der Südamerikaner hinweg, wird ihr sogenannter „Hinterhof" sehr schnell zu einem Brennpunkt, an dem sich sogar Stellvertreterkriege entzünden können.

Wenn diese Schwelle erreicht wurde ist dieser Teil der Peripherie des US-Imperiums höchstgradig gefährdet. Sollte ein Teil des „Krieges der Zukunft" in Südamerika ausgefochten werden, wird das den stärkstmöglichen Impuls zur Erringung der vollständigen Unabhängigkeit der Latinos sein. Gut möglich, dass dann eine Konföderation lateinamerikanischer

Staaten entsteht, die versuchen über den Zusammenschluss frei zu werden. Wie stark solch ein Zusammenschluss in Südamerika die politische Weltkarte grundlegend verändern würde, kann noch gar nicht ermessen werden. Den USA würde in ihrer unmittelbaren Nachbarschaft ein Konkurrent erwachsen, der das Potential hätte, die USA klein erscheinen zu lassen.

Der große Schwachpunkt dieser Entwicklung ist, dass sie nur gegen Brasilien als dem mächtigsten Staat dieser Weltregion möglich wäre. Denn natürlich wäre die politische Bedeutung Brasiliens in solch einer Verbindung nicht mehr vergleichbar mit seiner Stellung. Deshalb ist es leider der wahrscheinlichste Entwicklungsweg, dass Brasilien versucht sich selber eine möglichst große Peripherie ökonomisch Abhängiger zu schaffen. Ermöglicht würde diese Politik durch die immense Bedeutung die Brasilien als Exporteur von Futter- und Nahrungsmitteln für die Welt hat. Die damit erlösten Mittel ermöglichten eine Expansion. Gleichzeitig würde in Mittelamerika ein Zusammenschluss der Kleinen und Schwachen des Kontinents versuchen nicht zwischen den Imperien der Welt zerrieben zu werden.

Die EU wird in dieser Entwicklung kaum eine Rolle spielen. Als aktueller Juniorpartner der USA dürfen wir dort politisch keine Rolle spielen, ohne den größten Rüpel des globalen polit-Spielplatzes – unseren „Freund" – zu provozieren. Er respektiert bisher die Geschäfte der EU und damit ihre ökonomischen Interessen. Damit hat die EU ein Interesse, dass alles dort so bleibt wie es ist. Höchstwahrscheinlich wären unsere „Eliten" auch glücklich, wenn die USA ihre politischen Querelen mit Kuba endlich gütlich beilegen würden. Nichts könnte Südamerika mehr Stabilität verleihen und damit die Hürde für eventuelle Angreifer stark erhöhen.

Die EU und Japan

Japan war lange Zeit vor allem ein wirtschaftlicher Konkurrent. Ein gefährlicher obendrein. Und das ist dieses Land noch immer. Endgültig vorbei die Zeiten, in denen „Made in Japan" für lausige Kopien stand. Heute ist der ehemalige Nachäffer führend in einigen Schlüsseltechnologien. Zudem hat sich die japanische Industrie ein einzigartiges Niveau in der Produktionsoptimierung erarbeitet. Daher rührt der zum Teil recht scharfe Ton der europäischen Großkopferten gegenüber diesem Land. Politisch wiederum ist Japan durch die Renaissance chinesischer Macht verzwergt. Ohne die USA und andere politische „Freunde" wird das Land einen schweren Stand in der Zukunft haben. Deshalb ist davon auszugehen, dass die EU langfristig politisch auf Distanz zu Japan gehen wird. So sehr wir auch den USA noch huldigen werden, China ohne Not zu provozieren verbietet sich von selbst. Dabei ist es ganz unerheblich, ob unsere Eliten schon unseren Kriegseintritt an der Seite der USA planen oder sich als neutraler Erbe globaler Macht sehen, wenn die USA und China nach dem „Krieg der Zukunft" entkräftet am Boden liegen.

Die EU und die freien Gesellschaften

Bei aller ökonomischer Durchdringung der Welt, es gibt sie noch, die freien und unabhängigen Länder und Gesellschaften. Es wird sie immer geben. Eine Folge der weiter oben erwähnten Grenzen der ökonomischen Gewalt. Die Freien und Unabhängigen sind die Gesellschaften und politischen Gebilde, die genug ökonomische Bedeutung geltend machen können um als individuelle Wirtschaft nicht austauschbar zu sein. Grundlage dieser Unabhängigkeit kann eine strategisch wichtige Ressource, ein strategisch bedeutsames Produkt, oder eine strategisch bedeutsame Dienstleistung sein.

In der fein ausgewuchteten politischen Weltlage stehen sie zwischen den Zentren und ihre Ressourcen sind mehr oder weniger informell zugeteilt. Das kann ganz unterschiedliche Gesichter zeigen. Die Variabilität ist interessant: Es gibt Länder wie Norwegen, die sich dank ihrer Erdölvorräte eines extrem hohen Lebensstandards erfreuen und sozial und politisch beispielhaft stabil sind. Norwegen ist trotz seiner geographischen Nähe zur EU weder Mitglied noch Peripherie. Die großen Erdölvorräte des Landes sorgen für eine beeindruckende wirtschaftliche Stärke; die Bereitschaft verlässlich an die Interessenten (in der EU) zu liefern und die Ressourcen nicht als Druckmittel zu verwenden hat dazu geführt, dass kein Imperium sich bemüßigt fühlte eine größere Kontrolle zu etablieren. Das Land hat das große Glück gehabt recht spät als Rohstoffproduzent in den politischen Fokus zu kommen. Als Norwegen des natürlichen Schatzes vor seiner Küste gewahr wurde war die Phase des platten Kolonialismus schon vorbei. Hätte die großzügige Förderung des norwegischen Erdöls 50 Jahre früher begonnen, würden die Norweger wohl erlebt haben wie sich altbackene europäische Kolonialmächte aufführen konnten. Ob sie dann Deutsch, französisch oder am wahrscheinlichsten Englisch hätten sprechen müssen, ist Gott sei Dank müßig zu überlegen. So ist Norwegen zwar stark mit der EU verflochten ihr aber nicht verpflichtet. Hier wird immer noch auf gleicher Augenhöhe verhandelt.

Ein noch größere Bedeutung für den Ölmarkt der imperialen Verbraucher hat Saudi Arabien. Ein Land indem sehr früh Öl entdeckt und gefördert wurde, und dessen Herrscherfamilie es sich unter US-Schutz gemütlich gemacht hat. Saudi Arabiens starke Position rührt aus der Tatsache, dass es zu einfachen Bedingungen sehr viel Öl fördern kann. Seine Förderinfrastruktur ist technisch Spitze und erlaubt es sehr flexibel, die Fördermengen zu verändern. Saudi Arabien liefert gerne, kauft gerne und vertritt imperiale Zentrumsinteressen im Kreis der Rohstoffproduzenten. Das wird immer dann deutlich, wenn es im Interesse der Zentren den Preis für Öl durch eine stärkere Förderung drückt. Das Land erfüllt in dieser Form eine wertvolle Funktion für die ökonomischen Zentren der Welt.

Da es bisher nur eingeschränkt entwickelt ist, politisch instabil und immer auf äußere Macht angewiesen, können auch alle Beteiligten davon ausgehen, dass dieser Zustand gegenseitiger Verpflichtung weiterhin bestehen bleibt. Saudi Arabien – ein künstlicher Staat in Familienbesitz, politisch atavistisch, ohne Rückendeckung Washingtons politisch hinfällig und Exporteur einer aggressiven Islamauslegung – muss stabil bleiben. Seine Stabilität ist nicht nur im US-Interesse, sondern auch die EU ist immer heilfroh wenn die Bemühungen der Saudis darauf abzielen, den Preis des entscheidenden Rohstoffs unserer Zeit zu senken.

Da die EU zur Zeit noch eng mit den USA verflochten ist, sie zusammen „der Westen" sind, profitiert sie ebenso von der US-

Politik günstiger Rohstoffe. Ohne die bemühten Ölexporteure Saudi Arabiens stände ein guter Teil des Wohlstands auch in der EU zur Disposition. Und genau deshalb können die Saudis alles von uns bekommen, was sie zu bezahlen gewillt sind. Der Westen wird liefern, so oder so. Nicht vergessen, es ist nicht die parlamentarische Demokratie womit wir uns global einen Namen gemacht haben, sondern die Skrupellosigkeit unserer Großkopferten.

Das weiß auch der Iran. Er ist dank seiner Erdölreserven seit mehr als einem Jahrhundert politischer Brennpunkt in einer ölreichen Region. Der Iran als quasi Nachbar Saudi Arabiens hatte das Pech, dass seine billig und einfach zu fördernden Erdölreserven in der Hochphase des Imperialismus alter Prägung zum Objekt strategischer Interessen der Kolonialmächte wurden. Er findet sich seither immer in politischen und sozialen Auseinandersetzungen und Kriegen wieder, die durch seinen Ölreichtum bedingt sind. Als wenig entwickelter Staat mit schwacher Exekutive und voller sozialer und ethnischer Bruchlinien hatten die altbackenen Imperialisten von Anfang an auf Gewalt gesetzt.

Das hatte allerdings auch noch einen anderen Grund. Denn im Gegensatz zu Saudi Arabien ist der Iran in keinster Weise zwanghaft auf fremde Mächte angewiesen. Viel mehr hat der Iran als Erbe Persiens eine uralte Hochkultur mit dem Anspruch politisch frei zu sein. Mit etwas ruhiger politischer und technischer Entwicklung hat das Land ein großes Potential. Die Iraner wissen das und wollen dauerhaft weder soziale Ungerechtigkeit noch politische Ohnmacht akzeptieren. Das alles zusammen, innere und äußere Schwäche, eine starke Identität und der Wunsch „selber" groß zu sein, begründete eine Dynamik die bis heute trägt.

Sie hält bis in die Gegenwart an, weil sie immer wieder in der Region und in den sozialen Beziehungen Fakten schafft. Der Iran wird deshalb von uns als „unzuverlässig" wahrgenommen, weil er nicht bereit ist dem Westen durch inneren Einfluss die Liefersicherheit zu garantieren. Er öffnet sich weder für supranationale Verpflichtungen, noch für unabhängige Kapitalinvestitionen in seine natürlichen Reichtümer. Sie trauen dem Westen nicht, und meinen in ihm den Erben der alten Kolonialmächte und US-Imperialisten zu erkennen. Der Westen wiederum fühlt sich gezwungen, irgendwie die Kontrolle über die strategisch bedeutsamen Energievorräte zu bekommen. Im Ergebnis versucht eine verkrampfte politische Führung durch Atomforschung und Rüstung die Unabhängigkeit ihrer Heimat zu schützen, während der Westen es darauf anlegt die Gesellschaft unter Druck zu setzten und zu destabilisieren.

Man sieht, die Bandbreite ist groß. Während die Iraner ihr Erdöl uns nicht mehr verkaufen dürfen, klagen Touristen über die schmerzhaften Preise infolge des hohen Lebensstandards in Norwegen und parallel „bereichern" saudisch finanzierte Wahabisten die Islam-Interpretation mit einer gehörigen Portion Unduldsamkeit. Das sind die Pole zwischen denen sich die bedeutsamen freien und unabhängigen Rohstoffproduzenten bewegen. Zu dieser Gruppe gehört auch Südafrika, das ein Grenzfall zu den anderen Formen der Unabhängigkeit ist.

Denn wie schon erwähnt können sich alle die Länder und Gesellschaften zu den Freien zählen, die sich aufgrund einer besonderen politischen Situation dem ökonomischen Gestaltungsanspruch der Imperien entziehen können. Konsequent gedacht gehört auch Kuba dazu, solange es sich nicht den USA beugt. Wie schon erläutert ist die Wirkung der ökonomischen Gewalt solange begrenzt, wie in der multipolaren Welt Rücksichten genommen werden und sich imperiale Interessen gegenseitig blockieren. Wenn also ein Imperien dem anderen Grenzen aufzeigen will, oder auch es einfach nur beschäftigen/herausfordern will, kann es durch wirtschaftliches Entgegenkommen im Einzelfall einem Land helfen seine Freiheit zu erhalten. Die Grundlage aber ist, dass innerhalb der betroffenen Gesellschaft der politische Wille zur Unabhängigkeit da ist. Das ist in Kuba noch gegeben, aber der Fall Kuba hat global kaum Bedeutung. Auch für die EU ist die Karibikinsel nur für wenige Millionen Umsatz gut.

Weitaus wichtiger sind für die EU jene Akteure, die über einen großen politischen Freiraum verfügen weil sie strategisch große Bedeutung genießen. Das trifft gerade auf den Sonderfall Südafrika zu. Denn noch vielmehr als Rohstoffproduzent, kommt dem Land eine Bedeutung als regionale Militär-, Wirtschafts- und Ordnungsmacht zu. Im Kleinen ist Südafrika ein Zentrum. Ein Imperi-chen! Es hat für die strategische Globalpolitik der großen Mächte eine herausragende Bedeutung. Es kontrolliert einen großen Teil Afrikas und sein Einfluss erstreckt sich auch darüber hinaus auf ein bedeutendes Gebiet. Südafrika ist Garant eines wirtschaftlichen Ordnungstyps in einem Bereich der Welt, in dem ansonsten nicht einmal Nationalstaaten existieren würden. Hier treffen wir auf einen der oben schon erwähnten Subunternehmer imperialer Macht. Und zwar hauptsächlich der imperialen Macht des Westens.

Ganz ähnlich ist die Lage der Türkei. Eine regionale Militärmacht, der von großen Zentren bessere wirtschaftliche Konditionen zugestanden werden. Gerade die Türkei ist für den Westen im Allgemeinen, und die EU im Besonderen, strategisch wichtig. In den Zeiten der Ost-West Konfrontation war die Türkei vorgeschobener Verbündeter gegen den Osten. Jetzt ist sie noch ungleich wichtiger geworden. Sie stabilisiert einen Teil der Welt, in dem sich die Grenzen der Nationalstaaten nicht einmal annähernd mit den ethnischen und sozialen Linien deckt; der mit den Kurden ein großes selbstbewußtes Volk ohne staatliche Vertretung umfasst und dessen politische Instabilität die Versorgung mit billigem Erdöl gefährden könnte. Deshalb kann die Türkei auf dem Waffenbasar des Westens eine Menge konventionelle Macht zu Preisen einkaufen gehen, die so für andere tabu sind. Ihre besondere strategische Rolle wird durch ihre Natomitgliedschaft deutlich. Militärpolitisch gehört sie zum Westen! Die militärische Macht sichert der Türkei ein großes Maß politischen Handlungsspielraums in ihrer Region. Zudem stellt sie das ökonomische Zentrum für die Gebiete östlich, südlich und westlich dar.

Die Bedeutung der Freien und Unabhängigen in der multipolaren Welt ist nicht zu überschätzen. Sie stehen als Puffer zwischen den wirtschaftlichen Machtzentren. Sie grenzen die Peripherien der jeweiligen imperialen Zentren ab und senken damit die Kriegsgefahr. Ihre Existenz ist Produkt der wirtschaftlichen und politischen Dynamik des Kapitalismus. Sobald es Zentren der ökonomischen Produktivität gab, verloren Länder immer mehr politische Freiheit und ihr Handlungsspielraum schrumpfte so weit zusammen, dass sie Peripherie eines Zentrums wurden. Diese Phase ist global abgeschlossen. Einzelne Länder, die wie die oben genannten Beispiele frei und unabhängig bleiben, markieren einen bestimmten Stand in der Entwicklung.

Die ökonomische Anhäufungstendenz des Kapitalismus hat noch nicht so viel Eigengewicht entwickelt, dass die natürliche Gegebenheiten oder besondere strategische Lagen davon überdeckt werden würden. Aber der Krieg der Zukunft entsteht gerade aus der Anhäufungsdynamik dieses Wirtschaftssystems und der dadurch wachsenden Konfrontation der Anhäufer! Die Macht der Zentren wächst! Dadurch bedingt verbreitet sich auch die Ohnmacht in der Welt. Die Stärke der Wenigen ist die Schwäche der Vielen!

Diese Dynamik führt dazu, dass die fragile Unabhängigkeit der Freien zunehmend gefährdet ist. Wenn die Eliten der imperialen Zentren in dem Glauben sie müssten ihre wirtschaftlichen Interessen durch direkte Kontrolle erzwingen in einen Konkurrenzkampf um die Ressourcen der Freien und Unabhängigen gehen, dann beginnt er, der Krieg der Zukunft. Tatsächlich ist die Gefahr hoch einzuschätzen, dass ein Streit um die Nutzung des Potenzials einer der wenigen unabhängigen Rohstoffproduzenten zum Auslöser des Krieges wird.

Die Entwicklung dürfte so ablaufen, dass die Peripherien der Zentren – auch wenn sie im Einzelfall Veränderungen unterworfen sind – im Umfang weiter wachsen. Dadurch wird auch der wirtschaftliche Entfaltungsraum der Freien und Unabhängigen immer kleiner. Dieser Vorgang wird begleitet werden von weiteren Teuerungen im Rohstoffbereich, was einerseits den Punkt näher kommen lässt in dem sich eine politisch oder gar militärische Intervention wirtschaftlich für ein Zentrum lohnt, und andererseits die strategische Bedeutung einiger natürlicher Ressourcen immer bedeutsamer wird. All das erhöht das Risiko, dass es einem Zentrum möglich erscheint, einen Freien und Unabhängigen in seine ökonomische Peripherie zu zwingen. Damit wird dann eine politische Lawine ausgelöst. Sobald das Geflecht von Interessen, Verträgen und gegenseitiger Rücksichtnahme unter den Zentren reißt wird diese Welt für die meisten Bewohner ein ungemütliches Plätzchen werden! Hoffen wir, dass nicht (auch) die EU meint, ihre Liefersicherheit durch mehr direkten Einfluss zu sichern.

Die EU als Imperium und die Folgen

Bis jetzt habe ich den Blick aus dem EU Imperium hinaus schweifen lassen. Viel interessanter ist aber doch für uns alle wie sich das Leben eines Europäers in dem reifendem EU-Imperium darstellt und verändert. Wie lebt es sich in einem Imperium? Welche Folgen hat die Weltgeltung für unseren Alltag? Denn dass sich das Leben für uns ändern wird, das ist sicher. Nichts ist umsonst!

Jede Menge Gesellschaften werden in naher Zukunft zerbrechen und dieser Vorgang wird mit Kriegsgedröhn begleitet werden. Einige Gesellschaften werden sich von unserem System des Wirtschaftens abwenden und auch das wird mit Kriegsgedröhn ablaufen.

Denn spätestens wenn diese Gesellschaften in einer Gegend existieren die für uns wichtige Rohstoffe beinhaltet, werden wir eingreifen. Wir stehen in einer globalen Energie- und Rohstoff-Konkurrenzsituation, die sich eben nicht mit einer PR-Aktion zu unseren Gunsten lösen lässt. Vielmehr erzwingt der dauernde Konkurrenzzustand die Bereitschaft immer wieder eingreifen zu können, wenn die Versorgungssicherheit unserer Wirtschaft gefährdet ist.

Versorgungssicherheit ist da übrigens schnell ein leicht irreführender Terminus. Kaufen kann man alles, entscheidend ist jedoch der Preis und die Liefersicherheit. Die Imperien der Welt stehen in einer starken Konkurrenzsituation. Um sich untereinander um die Marktanteile balgen zu können, sind sie auf günstige Rohstoffimporte angewiesen. Wenn sie so weitermachen wollen wie bisher, müssen sie immer wieder mit Gewalt eingreifen wenn einer der Lieferanten oder Schuldner aus der Reihe tanzt. Sie müssen, weil sie davon abhängig geworden sind, dass alle mitmachen, die etwas wichtiges zu geben haben. Wenn davon jemand aus dem aktuellen ökonomischen System aussteigt, müssten die Imperien zurückstecken. Aber vom Pfad des immerwährenden Wachstums abweichen, unser Wirtschaftsmodell ändern, das will die Mehrheit der Menschen in den Imperien nicht. Diese Mehrheit besteht aus denen, die im Rahm baden und denen, die unbedingt im Rahm baden wollen. Imperiale Gesellschaften sind reich an Gierigen und gierigen Reichen. Sie eint der Glaube an die persönlichen Bereicherung als beherrschende Ideologie!

Das gilt natürlich auch für das Imperium EU. Diese beiden Gruppen zusammen dominieren unsere Gesellschaften, wenn auch mit deutlichen nationalen Nuancen. Sie werden alle Mittel einsetzen um nichts grundlegend ändern zu müssen. Das hört sich erst mal ziemlich philosophisch und wenig greifbar an. Um das Ergebnis vorwegzunehmen: Du lebst in Kürze wieder in einer militarisierten Gesellschaft, die rund um den Globus Kriege führt. Ein Antipiraten-Einsatz am Horn von Afrika, Patriotraketen zur Verteidigung eines Verbündeten und unsere Kontingente zur Bekämpfung des Terrors in seinen Ursprungsländern. Nicht zu vergessen natürlich auch noch all die Friedenserzwingungsmaßnahmen. Das kommt dir jetzt merkwürdig bekannt vor. Das ist ja auch schon unsere Gegenwart. Der Umfang globaler Militärinterventionen wird aber noch weiter ansteigen. Unser Militär wird noch viel mehr globale Präsenz zeigen, zeigen müssen! Das bedeutet ebenfalls, dass Du in wenigen Jahren wieder überall mit Uniformträgern konfrontiert wirst. Kriegervereine in deinem Ort, keine Familienfeier bei der nicht irgendwer mit angelegtem „Eisernen Kreuz" mit seinen Kriegserlebnissen protzt und von fremden exotischen Ländern erzählen kann, und natürlich die Werber, die im Schulprojekt „Freiheit für die Welt" deiner Tochter erzählen, wie viel Kohle sie als Zeitsoldatin machen kann.

Nein, die Menschenmaterial-Nachschieber sprechen nicht von Heckenschützen, Sprengfallen und Einsamkeit, nicht von kaputten Familien und Angst, auch nicht von der jeden Krieg begleitenden Frage, „Muss das jetzt tatsächlich sein?". Sie denken in Zahlen und sprechen von Emotionen. Sie wollen Verluste ersetzen und locken mit Gewinnen.

Denn so endet es doch immer.

Ein Imperium wie es die EU bald darstellt kann problemlos einzelne Rebellionen niederschlagen, in seiner ökonomischen Peripherie Tribute erzwingen und seine Wirtschaftsordnung durchsetzen. Solange diese Kriege und Interventionen Einzelfälle bleiben und eine geringe Intensität haben, werden sie keine große Wirkung auf unsere Alltag haben. Das ist empirisch belegbar, denn schließlich ist diese Stufe unserer Entwicklung schon längst Gegenwart geworden.

Dieser Zustand wird aber eben nicht so bleiben. Ein Automatismus der Ausübung militärischer Macht ist eben der, das Ziele und Opfer immer größer werden. Einerseits steigt mit jedem Erfolg der Appetit. Soll man jetzt schon aufhören? Die eingesetzten Mittel und die gebrachten Opfer können sich noch mehr lohnen!

Zudem muss der Erfolg militärisch gesichert werden. Heißt konkret: überall, wo wir militärische Gewalt angewandt haben, bleiben wir präsent. Das kann in der Form von Stützpunkten und periodischen Manövern sein, oder aber dadurch, dass wir die „Ausbildung" der Einheimischen übernehmen und Material verkaufen. Ach, was sind wir doch für militaristische Altruisten.

Wir müssen also in immer mehr Gegenden ein Kontrollsystem unterhalten. Der militärische Aufwand wird in Folge wachsen. Die Fremdbestimmung wird eine Spirale des Widerstands gegen unser Imperium beschleunigen, weil unsere militärische Präsenz der augenfällige und provozierende Beleg der Unfreiheit der jeweiligen Gesellschaften sein wird. Es ist unausweichlich, dass unsere Truppen zum Angriffsziel von diversen Freiheitskämpfern alias Terroristen (oder Umgekehrt aus chinesischer Perspektive!) werden. Dabei ist es ganz egal wie oft ein deutscher Grenadier vor der Kamera einem einheimischen Mädchen über den Kopf streichelt, wieviel Schulen wir aufbauen damit dort unsere Lehre verbreitet werden kann. Wir sind ein Imperium, und ein Imperium wird immer bekämpft. Auch von denen, die sich nett geben. Die Folge sind höhere Kosten an Gut und Blut für uns und die beherrschten Gesellschaften.

Darüber hinaus produziert jeder Sieg nicht nur Besiegte und Verlierer sondern eben auch Sieger und Gewinner. Solange man gegenüber solchen Gegnern, die wir für schwach halten, schnell fertig wird, kannst du dir genauso sicher sein wie ich es bin, dass unsere Großkopferten immer wieder einen Schritt weiter gehen können. Solange wir uns als Sieger und Gewinner fühlen, wird der Großteil der Bevölkerung jeder neuen Intervention, jedem neuen Krieg zustimmen. Die jedem Sieg folgende Eskalation ist so sicher wie das Amen in der Kirche.

Solange nur einzelne zeitlich klar befristete Interventionen an der Peripherie durchgeführt werden, reicht der zeitlich befristete Verbund europäischer Truppen aus. Doch der wachsende Rahmen mit den gleichzeitigen Einsätzen an mehreren Brennpunkten und der Notwendigkeit jederzeit bereit zu sein weitere militärische Aktionen zu beginnen, wird Anpassungen erzwingen. Das wird der Auslöser zur Begründung einer europäischen Armee sein. Der wahrscheinlichste Ansatz ist der, dass die Mitglieder des EU-Imperiums komplette Truppenkörper unter eine zentrales Oberkommando stellen. Dieses Oberkommando wird im Proporz der militärischen und ökonomischen Macht besetzt. Somit stellen die Kernstaaten des Imperiums ihre militärische Dominanz sicher.

Die Summierung der vorhandenen einzelnen militärischen Potentiale wird aber schon bald nicht mehr ausreichen und eine verstärkte Rüstung auslösen. Darauf folgt dann die Durchdringung der europäischen Gesellschaften mit militaristischem Gedankengut. Irgendwer muss die vielen neuen Waffensysteme ja auch bedienen. Dafür brauchen wir in der Masse zwar einfach nur ausführende Geister, aber eben auch Fachleute. Die Bildungsmilieus müssen wieder angezapft werden. Das geht nur wenn die ihnen zugedachten Stellungen gut bezahlt und gesellschaftlich respektiert sind. Das Militär als soziale Restehalde gesellschaftlich gescheiterter Geister ist dann nicht mehr opportun. Die Armee als Hort hochprofessioneller „Gutmenschen", die ihre und die „legitimen" Gemeinschaftsinteressen mit der Waffe durchsetzen, schon eher. Ja, der Soldat der Zukunft soll „Popart" sein.

Das bedeutet dann eben nicht nur Prop und Bildungsarbeit an den Schulen, sondern auch das „Eiserne Kreuz" bei der Hochzeit von Kevin und Lena. Die soziale Durchdringung mit dem Neomilitarismus wird Bestandteil der imperialen Rüstungsantrengungen sein. Menschen sind entscheidende Bestandteile der Waffen. Die Imperien werden also immer mehr Waffen produzieren und immer mehr Menschen bereitstellen, um diese Waffen einsetzbar zu machen. Damit die Militarisierung nicht am Widerstand der Bevölkerung scheitert bedarf es politischer Machtmittel.

Die verbürgt unsere parlamentarische Demokratie. Sie stellt eben sicher, dass unsere „Eliten" eine ihnen genehme militärische Intervention immer einleiten können, ganz egal ob die Masse das will. Sie schaffen mit ihrer ökonomisch fundierten politischen Gestaltungsmacht einfach Fakten. Wenn die unwillige Bevölkerung dann die willfähigen Parteien abstraft, sind das halt die politischen Bauernopfer des Systems. An den gesetzten politischen Fakten kann das nur noch wenig ändern. Der Einsatz mit der Waffe hat dann schon begonnen und neue politische Bedingungen sind geschaffen worden. So kann ein Krieg, den Du und ich nicht wollen, schon Realität sein wenn wir dazu kommen unsere ablehnende Meinung durch eine Wahl kundzutun. Und erwarte bitte nicht das Demonstrationen unsere Großkopferten beeindrucken! Da müsste es schon Millionenumzüge und Generalstreiks geben, um erneut politische Macht an der Basis zu sammeln. Generalsstreiks sind aber zum Beispiel in Deutschland verboten.

Im Anbetracht der Geschwindigkeit, die politische Entwicklung heute haben kann muss man also auch einmal grundsätzlich darüber nachdenken, ob die parlamentarische Demokratie dem noch angemessen ist oder ob das Risiko besteht, dass gerade die Struktur des Parlamentarismus die politische Ohnmacht der Masse zementiert.

Allerdings darf man aus dem zahnlosen Charakter der parlamentarischen Demokratie gegenüber politischer und ökonomischer Macht auch schließen, dass sie uns erhalten bleibt. Wenn sie nur noch eine Art politische Folklore darstellt, ist sie nicht nur ungefährlich für die Mächtigen im Land, sondern auch noch hilfreich im „Krieg der Zukunft". Das politisch fast bedeutungslose Parlament wird gerade in einer krisenbeladenen Zukunft ein wertvolles Propagandamotiv zur Stabilisierung des sozialen Istzustandes sein. „Natürlich haben wir eine

Demokratie! Da, schau her, ein richtig tolles Designerparlament".

Das funktioniert heute ja auch schon. Als wenn ein protziges Parlamentsgebäude mit Demokratie gleichzusetzen wäre! Nein, der Wallotbau beweist nur, dass es ein Parlament gibt, nicht dass unsere Gesellschaft demokratisch funktioniert! Damit nähern wir uns einem politischen Kernproblem der Zukunft. Der Krieg der Zukunft wird nur möglich sein, wenn die Eliten der Imperien demokratische Selbstbestimmung weitestgehend ausschalten können.

Wenn die Intensität der militärischen Einsätze ein dauerhaftes Phänomen geworden ist und gar noch steigt, werden wir in einen Strudel gerissen und als soziale Gemeinschaft die Kontrolle über die Entwicklung verlieren. Die andauernde Kraftanstrengung um latent Gewalt anwenden zu können, und das immer wieder zu opfernde Blut werden kosten. Wir bezahlen damit, dass wir statt kritischer Auseinandersetzung strammen Militarismus haben, ein kriegsbedingtes Absinken der Reallöhne, sowie steigende Preise erleben. Der Zustand dauernder Kriege und Gewaltbereitschaft kann nur durchgehalten werden, wenn in der Gesellschaft Kritik zum Schweigen gebracht und demokratische Mitbestimmung aufgehoben wird.

In einem freien demokratischen Gemeinwesen würden immer mehr Menschen das steigende Risiko wahrnehmen oder gar durch die manifestierten Verluste von Angehörigen, durch steigende Abgabenlast und immer mehr persönliche Einschränkungen dagegen opponieren. Selbst die Gierigen würden aussteigen sobald ihr Rechnungsanteil den erhofften Beuteanteil übersteigt. Wenn dann noch einige Niederlagen und Rückschläge zu verdauen sind, würde die Masse den Krieg beenden wollen. Deshalb muss die politische Macht der Masse marginalisiert werden!

Anders kann der Weg der imperialen Machtentfaltung nicht beschritten werden. Die neue Weltgeltung Europas muss erkämpft und vor allem bezahlt werden. Dieser Weg kostet uns den aktuellen Lebensstandard und die kleine politische Freiheit.

Der Fundamental begründete Druck endlich vom Wachstumsmodell Abstand zu nehmen – gegen den wir uns mit soviel imperialer Gewalt stemmen, wird uns also die Last auferlegen dauerhaft im Kriegszustand zu leben, zu arbeiten und zu wirtschaften. Ein Umstand der den Abbau der Grundrechte die Aufhebung der persönlichen Freiheit und das Ende aller demokratischen Ansätze bedeutet. Wir begründen die nächste menschenfeindliche Diktatur in einem machtvollen Imperium aus Angst uns der Herausforderung zu stellen unseren Lebensstil zu ändern! Und als Treppenwitz ändert sich dadurch unser politisches System kaum. Der Parlamentarismus kann problemlos durch unsere Oberschicht so gehandhabt werden, dass er die gewünschte strukturelle Stabilität imperialer Politik gewährleistet. Ein weiterer Treppenwitz ist, dass unser kriegsführendes Imperium uns dazu verdonnern wird, genau das tun was wir unbedingt verhindern wollten: unseren Lebensstil zu ändern.

Die EU wird also nicht nur andere dazu zwingen für unsere Art des Wirtschaftens zu zahlen, wir werden auch selber sehr teuer dafür zahlen müssen. Wir werden unfrei leben und in eine ökonomisch fundierte Diktatur der Oberschicht abrutschen. Wir werden wieder Arbeitslager für Andere und Andersdenkende bewachen und, wenn es ganz schlimm kommt, alle, die wir als Bedrohung unseres Kriegszieles „gesellschaftlich-kulturelle Stagnation" begreifen, vernichten.

Und all dieses Unrecht, Leid und Unglück werden wir völlig umsonst anrichten, denn die Anpassung unserer Wirtschaft wird so oder so kommen. Auch im Rahmen der sich dann entwickelnden Kriegswirtschaft werden Antworten gefunden werden müssen auf den gegebenen Mangel und das kann nur die Reduktion der Zivilproduktion und des Konsums sein!

Indem wir mit imperialer Gewalt andere dazu zwingen uns ein wenig weiter so zu ermöglichen stellen wir nur sicher, dass wir ganz unten ankommen werden. Schwächere Ökonomien und Gesellschaften haben nicht die Möglichkeit ihre Rechnungen abzuwälzen. Sie werden bereits nach Antworten auf die Herausforderung der Energie- und Rohstoffarmut suchen, wenn wir uns freuen wieder jemanden versklavt zu haben.

Sobald die ersten Völker, Gesellschaften und Ökonomien in der Zukunft angekommen sind werden wir erst merken, dass wir zurückfallen. Und da wir dann bereits den Pfad der Imperialen Gewalt eingeschlagen haben, unsere Wirtschaft und die Bevölkerung mobilisiert sein wird, bleibt uns nichts anderes übrig als weiterzukämpfen.

Bis dann die letzte verlorene Schlacht des letzten Krieg unseres Imperiums endlich alles beendet. Dann akzeptieren auch die Letzten, dass es ein „weiter so" nicht mehr geben kann und darf! Abgehängt, besiegt, entehrt und moralisch bankrott hoffen wir dann mal wieder auf einen neuen Marshallplan.

Hoffentlich gibt es keinen.

Woher kommt der Krieg der Zukunft

Zeit, sich Gedanken um die Form des Kriegs in der Zukunft zu machen. Die Formen des Krieges werden vielseitiger. Den sich immer weiter entwickelnden technischen Fähigkeiten entsprechend wird auch der Krieg selbst schneller, härter und vor allem umfassender werden, aber er wird halt eben auch langsamer, weicher und oberflächlicher! Wie das?

Das Gesicht des Krieges wird vom Kräfteverhältnis der Kontrahenten bestimmt. Ihre jeweiligen Schwächen und Stärken werden definieren, wie sich der Krieg darstellt. Dabei zeichnet sich ein Novum ab. Ich habe es schon erwähnt: der unsichtbare Krieg, der mehr einer Belagerung, denn einem Gefecht ähnelt. Darauf werde ich später eingehen.

Der Krieg unserer Gegenwart und noch viel mehr der Zukunft wird durch die Wirtschaft und die Wirtschaftskraft determiniert sein. Die Fähigkeit einen Krieg zu führen hängt natürlich schon immer an der Frage, ob man ihn sich überhaupt leisten kann. Ist man in der Lage Truppen auszuheben, auszubilden, auszurüsten und zu versorgen? Ist man auch in der Lage, die unausweichlichen Verluste zu ersetzten und sein Potential weiter zu steigern? Das sind die entscheidenden Fragen der Kriegsführung bis ins 20. Jahrhundert gewesen. Jetzt aber sind wir weiter.

Die Auseinandersetzung zwischen ähnlich entwickelten Gegnern findet zur Zeit nur unter besonderen Bedingungen tatsächlich militärisch statt, vielmehr ist es der Normalfall geworden, dass man den Gegner ökonomisch ausbotet um ihm die Möglichkeit zu nehmen mit dem eigenen technischen und ökonomischen Potential mitzuhalten.

Damit finden wir uns ideell nach dem Ausflug des zwanzigsten Jahrhunderts in die Vernichtung auf bekannten Grund wieder. In der menschlichen Geschichte war das militärische Kriegsziel nicht immer die Vernichtung des Gegners, sondern weitaus häufiger die Erschöpfung seiner Reserven. Eroberung und Vernichtung stellen vielmehr die Ausnahmen dar.

Denn der Krieg dient welchem Ziel? Der Einsatz der Gewalt erfolgt, bis man den Gegner an einem Punkt gebracht hat an dem er wieder politisch gefügig ist. Ein konventioneller Krieg sollte ihn soviel kosten, dass ihn ein Frieden nach der Unterwerfung billiger kam, als den Kampf fortzuführen.

Im Krieg der Zukunft geht es darum dem Gegner wirtschaftlich die Möglichkeit zu nehmen mitzuhalten. Denn damit verwehrt man ihm jede Aussicht militärisch zu bestehen. Der Gegner weiß dann, dass er nicht in der Lage ist mitzuhalten und das er aller Wahrscheinlichkeit nach den konventionellen Krieg verlieren muss. Da militärische Auseinandersetzungen in jeder Hinsicht kostspielige Unternehmungen sind, hält die Erkenntnis der zu erwartenden eigenen Niederlage gegen einen übermächtigen Feind davon ab, die Konflikte militärisch auszutragen.

Der Krieg als militärische Fortführung der Politik mit konventionellen Mitteln findet dann nicht statt. Es kommt den Unterlegenen weitaus günstiger, die ökonomische Überlegenheit des Feindes politisch anzuerkennen und halt eben auch politisch das Beste daraus zu machen. Man könnte das als zivilisatorischen Fortschritt feiern. Allerdings muss man dann in der Lage sein auszublenden das sich im Grunde nur eins geändert hat: anstatt an den Einschlägen der Bomben stirbt man in den Kriegen der Zukunft an Unterversorgung. Denn der ökonomische Gewinn des Einen ist der Verlust des Anderen. Es hat sich nichts grundlegendes geändert, es geht immer noch um Macht und Herrschaft, ohne Rücksicht auf die Verluste des Gegners.

Diese Entwicklung der Kriegsführung ist zwei Faktoren geschuldet. Zum einen der Erkenntnis, dass der Ausgang einer militärischen Konfrontation hauptsächlich vom reinen ökonomischen Potential der Kontrahenten abhängt. Wer sich keine Truppen ähnlicher Qualität und Quantität leisten kann, hat auf Dauer keine Chance. Das hat die Menschheit empirisch getestet. Zig Millionen von Kriegstoten in zwei Weltkriegen belegen diese Realität. Alle Ideologie, die schönste Religion, ein übersteigerter Nationalismus, Überfälle, Kriegsverbrechen, Massenmorde, Genozide, all das hilft nicht gegen eine deutliche ökonomische Überlegenheit des Gegners.

Zum anderen hat die Erfindung der Atombombe die vernichtenden Folgen einer bis ins letzte durchgefochtenen militärischen Konfrontation so in die Höhe getrieben, dass es keinen Sieger in einem Krieg zweier Atommächte geben kann. Seit der Etablierung des Atombombenstandards in der Kriegsführung haben sich die Grundsätze genau dieser Kriegsführung also wieder ändern müssen. Denn wer sich auf einen Atomkrieg einlässt kann noch so überlegen in ihn hineingehen, hinterher ist er nicht mehr.

Damit ist auch schon klar umrissen: das alles gilt nur für die großen Machtgefüge und die Atommächte. In einer kriegerischen Auseinandersetzung eines Großen gegen einen Kleinen kann jederzeit das gesamte vorhandene konventionelle und atomare Potential zur Anwendung kommen.

Das inhaltliche Ziel in der Konkurrenz der großen Mächte ist es, die ökonomische Verfügungsgewalt und politische Gestaltungsmacht zu erreichen. Ist das erreicht, bleibt die eigene konventionelle und atomare Militärmacht nur noch die Drohkulisse um Renitente und Abweichler zu disziplinieren und Herausforderer abzuschrecken.

Das eigene konventionelle und atomare Potential wirkt im Grunde hauptsächlich durch seine pure Existenz. Irgendwie pervers ist deshalb in unserer Gegenwart ein erfolgreicher Waffeneinsatz gekennzeichnte durch viel militärische Präsenz und wenig Beschuss. Eine perfekt optimierte Intervention sollte sich im Überfliegen des Zielgebietes erschöpfen!

Denn will ein Imperium heute noch fremdes Staatsgebiet militärisch besetzten um dann die Rohstoffquellen auszubeuten, oder ihm sein politisches System aufzuzwingen? Nein, will es nicht!

Die Potenz eines Staates, oder eines Staatenbundes wie unserem EU-Imperium, misst sich eben nicht in so-und-soviel Tausend Quadratkilometern eroberten Bodens. Die Eroberungs- und Vernichtungslogik des 20. Jahrhunderts ist viel zu teuer! Sie kostet zu viel Blut, zu viel ökonomische Potenz und bindet dauerhaft zu viele Kräfte. Es geht um Kontrolle der wertvollen Teile fremder Wirtschaften und hier besonders um die strategisch wichtigen Rohstoffquellen. Energierohstoffe, seltene Rohstoffe, teure Rohstoffe – das sind die Fundamente der heutigen Macht. Sie ermöglichen eine günstige Produktion und damit ein gutes Stück vom Weltmarkt. Sie bedeuten also ökonomische Stärke. Nur wer sich den Zugang zu ihnen dauerhaft und günstig sichern kann, hat die Möglichkeit seine Gegner ökonomisch, politisch und militärisch zu überflügeln. Es ist deshalb ökonomischer Wahnsinn, einen Eroberungskrieg mit hunderttausenden Toten, gigantischen Wertvernichtungen und der Aussicht auf einen latenten Widerstand des besiegten Volkes zu führen, um die Kontrolle über strategisch wichtige Rohstoffquellen zu bekommen.

Hier muss sich der echte Imperialist der betriebswirtschaftlichen Frage stellen: Lohnt sich das Investment und das Risiko des Krieges? Bekomme ich die gigantischen Kosten der Eroberung und Besetzung wirklich wieder 'rein? Auch die politischen Kosten an der Heimatfront dürfen nicht vergessen werden. Was muss nicht alles in Bewegung gesetzt werden damit die eigene Bevölkerung das Ganze abnickt und der Oberschicht die Stange hält. Bleibt dabei tatsächlich noch ein nennenswerter ökonomischer Bonus übrig? Stehen Gewinn und Kosten in einem akzeptablen Verhältnis?

Er wird verneinen müssen. Kann er denn sein Ziel nicht anders erreichen? Er kann. Auch wenn ein anderer Eindruck vorherrscht, es wird kaum ein Land mehr angegriffen und besetzt um sich seine Rohstoffquellen zu sichern, es geht vielmehr nur noch um die Kontrolle über genau diese Filetstücke. Diese Kontrolle muss eben nicht eine direkte militärisch Besetzung sein. Die Aktienmehrheit an einem Joint-venture, der Besitz der Pipeline, durch die das Erdöl fließt, die Etablierung eines supranationalen Rechtsstandard, der es ermöglicht über internationale Organisationen indirekt Einfluss zu nehmen, dazu hier noch ein gepachteter Stützpunkt, dort ein gemeinsames Manöver. Die Formen sind vielfältig und offen. Das reicht völlig aus.

Niemand will heute noch die Schlüssel zum Förderturm, es reicht eine Lieferverpflichtung des Produzenten durchsetzten zu können. Die Preise finden sich dann um so leichter, wenn erstmal die Lieferverpflichtung durchgesetzt ist! Die wenigen Fälle, in denen Einzelne aus der Reihe tanzen, die kann man getrost dem altbackenen konventionellen Arm zur Disziplinierung überlassen. Diese Ausnahmen sichern dann als Exempel die Regel.

Das Schicksal kleiner, ökonomisch oder politisch schwacher Länder ist dadurch zum Objekt der Wirtschaftspolitik der Großmächte geworden. Die großen Machtzentren der Welt sind ohne weiteres in der Lage, kleine unbotmäßige Nachbarn alleine mit den Mitteln des Wirtschaftskrieges fertig zu machen. Das Gilt für die USA, für Russland und auch für die EU!

Denn auch die EU führt Wirtschaftsangriffe aus, und wenn das nicht hilft sind wir in der Lage, jeden kleinen Gegner in unserer Peripherie sehr schnell mit Flugzeugen und Drohnen Invasionsreif zu ballern – ihn strukturell so zu schwächen, dass unsere Bodentruppen jeden Restwiderstand ohne große Opfer zerschießen können. Da die EU das schon mehrfach bewiesen haben, reagieren die potentielle Ziele imperialer Aggression in vorauseilendem Gehorsam. Die meisten ducken sich und versuchen durch Unterwerfung für sich selbst noch das Beste herauszuholen. Der Krieg als militärische Konfrontation fällt dann wie oben erwähnt aus!

Alle imperialen Zentren der Welt - Die USA, die EU, als kleineres Russland und als wachsende Macht China haben eine ihnen wirtschaftlich hörige geographische Peripherie geschaffen und bauen diese weiter aus. Wie die Spinne im Netz sitzt die jeweilige Macht in der Mitte der abhängigen Gesellschaften und nutzt sie für ihr eigenes wirtschaftliches Wachstum.

Das muss nicht zwangsläufig negative Folgen für die Peripherie haben, sondern kann auch ausgesprochen positive Entwicklungsimpulse schaffen. Von der Ausbildung Einheimischer über Infrastrukturmaßnahmen bis hin zur Beschäftigung in höher bezahlten Jobs reicht die positive Bandbreite.

Aber solche positiven Ergebnisse sind nicht Sinn und Zweck der ökonomischen Unterwerfung. Die Peripherie dient dem Zentrum, sollte es ihr dabei gut gehen, schön, geht es ihr dabei schlecht: Egal. Die Peripherie ist ökonomisch unfrei! Die einzelnen Länder mögen ihre Strukturen verändern wie sie wollen, sie sind wirtschaftlich dem Zentrum untertan. Diese Herrschaft beruht aber eben nicht auf einer militärisch fundierten Fremdbestimmung sondern nur auf der ökonomischen Überlegenheit des Zentrums.

Die Abhängigkeit zu einem Zentrum, also die Zugehörigkeit zu einer Peripherie bleibt solange bestehen, wie diese Länder einen ökonomischen oder politischen Aktivposten darstellen. Daraus darf aber nicht geschlossen werden, dass die Formen der Abhängigkeit sich nicht ändern und vor allem nicht das sich der Herr nicht ändert. Denn im Konkurrenzkampf der großen und kleinen Imperien überschneiden sich die Interessengebiete und damit die ökonomischen Peripherien und die Kontrahenten versuchen sich gegenseitig Aktivposten zu entwinden.

Unter diesem Gesichtspunkt darf zum Beispiel das Engagement Chinas in Kuba, und die aggressive Blockadepolitik der USA gegen diesen unabhängigen Staat vor ihrer Haustür wahrgenommen werden. Beide, Chinesen und die USA wollen Kuba einbinden: Die Chinesen, um ein Fuß in der Tür zur lateinamerikanischen Peripherie des US-Imperiums zu haben und die USA zu kostspieligen Aktivitäten zu zwingen und die USA um diese Tür endlich dicht zu machen.

Selten gleiten solche Auseinandersetzung in militärische Aggression ab, als zum Beispiel die USA inklusive ihrer

Vasallen ihren Kontrollanspruch über die Ölquellen im Nahen Osten durch den Irak-Angriffskrieg durchsetzten.

Einige wenige Länder mit größeren Ressourcen und stabiler Machtbasis versuchen sich von dieser Fremdbestimmung freizuhalten, sie sehnen sich nach der Atombombe als eine Versicherung und sind ansonsten politisch bemerkenswert geschmeidig. Sie wollen halt nicht kurz vor der eigenen Atombombe überrollt werden. Das Land von dem hier als Beispiel schlechthin gesprochen werden kann, ist der Iran.

Er besitzt gigantische Energierohstoffreserven die zum Großteil günstig förderbar sind. Aber seine strategisch bedeutenden Energiereserven haben im zum Objekt imperialer Interessen werden lassen. Das hat ihn in seiner jüngsten Geschichte schon mehrfach ins Unglück gestürzt. Engländer und Amerikaner haben über lange Strecken seine Geschicke maßgeblich gelenkt. Die sozialen Folgen der permanenten Manipulation führten zur islamischen Revolution und zum Ajatollah Chomenei.

Seither versucht das Land durch Schaukelpolitik und massiver Rüstung für eine militärische Intervention zu schwierig und zu teuer zu werden. Das eine Atombombe aus iranischer Sicht ungemein helfen würde um sicherzustellen, dass nur der Iran über seine Rohstoffe bestimmt ist nachvollziehbar.

Man darf deshalb davon ausgehen, dass der Iran den Besitz einer Atombombe anstrebt. In Anbetracht der machtpolitischen Tatsachen verbirgt er seine Ambitionen hinter einem zivilen Atomprogramm um so Know-how, Technik und Infrastruktur aufzubauen, ohne Konfrontation befürchten zu müssen. Verfügt er über alle Komponenten wird er ratz-fatz die Bombe und die benötigten Trägersysteme aus der Tasche zaubern und hoffen, dass er jetzt sicher ist.

Die politische Führung des Iran glaubt fest daran eine Atombombe würde das Land so vor jeder ernsthaften Aggression schützen, aber damit täuschen sie sich! Eine Atombombe sichert in einem gewissen Rahmen vor einer konventionellen Aggression ist aber mitnichten die ultimative Versicherung. Der Krieg ist, wie oben erläutert, mit der Entwicklung der Technik gewachsen.

Was nun? Ist damit ein Krieg zwischen den großen Mächten der Welt unmöglich geworden? Können die Großen nur noch in der Auseinandersetzung mit Schwächeren ihre Muskeln spielen lassen. So kann man die Gegenwart interpretieren. Die Führungsriege des Iran glaubt fest daran. Und sie irrt!

Die Atombombe hat in der Sphäre der kriegerischen Auseinandersetzung die Hürde für den Einsatz konventioneller Waffen im direktem Einsatz sehr viel höher gelegt. Vielleicht zu unserem Glück? Dadurch hat sich die Form der Auseinandersetzung verändert. Zu Anfang wurden die jeweiligen Streitenden einfach etwas vorsichtiger, um nicht quasi aus Versehen den Atomkrieg herauf zu beschwören. Mittlerweile hat sich weltweit ein informelles Regelwerk der Auseinandersetzung etabliert, das sorgsam darauf achtet keine Situation herbei zu führen, in der einer Seite scheinbar keine andere Wahl mehr bleibt. Das Bedeutet konkret: die politischen Grenzen einer Atommacht sind tabu. Die USA haben im Kalten Krieg niemals kommuniziert, dass sie Königsberg mit Waffengewalt von den Sowjets erobern wollen und die Sowjets haben niemals Ansprüche auf Alaska geltend gemacht.

Dem Gegner Schaden zuzufügen hat immer noch oberste Priorität im Krieg der Zukunft, aber es muss in anderer Form als dem direkten militärischen Angriff geschehen. Der ganze

Kalte Krieg der USA versus die Sowjetunion war durch die Atombomben davor gefeit, dass Sowjets und US-Truppen aufeinander geschossen hätten. Stattdessen wurden Stellvertreter verheizt und vor allem so ziemlich jede Möglichkeit genutzt, dem Gegner wirtschaftlichen und politischen Abbruch zu tun und ihn damit militärisch und ökonomisch zu schwächen. Daraus entwickelte sich die entscheidende Erkenntnis, dass es heute ökonomische Mittel und Wege gibt, jemanden zur Unterwerfung zu zwingen!

Sieger in dieser Auseinandersetzung waren, wie hinlänglich bekannt, die USA. Sie waren in den folgenden zwei Jahrzehnte global unangefochten die Nummer eins. Doch machten sie so hahnebüchene politische Fehler, dass sie sich jetzt zwei potentiellen Herausforderern ihrer politischen Weltstellung gegenüber sehen: China und der EU.

Die EU wurde von den USA als politische Missbildung wahrgenommen, deren große innere Widersprüche sie ungemein einfach von außen schwächen lässt. Die USA als klar dominierender Teil des Westens/der Nato blickte herablassend und belustigt auf den Juniorpartner. Doch die finanzielle Erschöpfung der USA durch die außenpolitischen Abenteuer und ihre sozialen Schwächemomente infolge einer ideologisch begründeten und gescheiterten Industriepolitik haben den Riesen USA gerade dann schrumpfen lassen, als er den Europäern mit den Geschehnissen um den Irakkrieg mal vorführen wollte, wer das Sagen hat. Die Unterstützerbrief-Episode war jedoch nicht der Anfang des Zerbrechens der EU, sondern das Ende der US-Hörigkeit Europas. Die USA haben eine Dynamik losgetreten, von der sie sich sicher waren, dass sie sie kontrollieren können.

Imperiale Hybris, ihre ökonomische Schwächung schuf den

politischen Freiraum den die großen EU-Imperiumspartner brauchten um die Zügel innerhalb der EU anzuziehen. Damit haben die USA indirekt viel dazu beigetragen, dass ihnen mit der EU dauerhaft ein ernstzunehmender Konkurrent erwachsen kann. Auch in anderer Hinsicht ist die Politik der USA jede potentielle Herausforderung gleich im Keim zu ersticken gescheitert. Diese Idee hat sie zu imperialen Militärabenteuern verführt, die ihre ökonomischen Kräfte weit überstiegen. Besonders Hervorzuheben sind der Krieg gegen den Irak, der ein finanzielles Fiasko war, weil die Amerikaner sich nicht von der atavistischen Eroberungskriegskonzeption frei machen wollten. Sie zerbombten und besetzten das Land, nicht um es zu haben, sondern um einzuschüchtern. Und um das zu erreichen, nahmen sie eine Kostenexplosion ohnegleichen in kauf.

Die Sache mit dem Einschüchtern ist ebenfalls böse nach hinten losgegangen. Denn natürlich waren die USA in der Lage das Dritte-Welt-Regime der Baath-Partei und Saddam Hussein zu brechen, eine Tatsache die niemand vorher in Frage gestellt hat. Doch sie machten dabei keine gute Figur, um dann auch noch allen vorzuführen, dass sie am Widerstand der schwachen und zersplitterten irakischen Gesellschaft scheiterten.

So hat der Krieg gegen den Terror, inklusive Afghanistan-Besetzung, die Kräfte der USA stark beansprucht und andererseits tagtäglich den ökonomischen Wahnsinn einer militärischen Besetzung vorgeführt. Politisch gesehen hat sich der Krieg gegen den Terror als hammerharter Bumerang für die USA erwiesen. Durch seine klar hervortretende Zielstellung, die USA gegenüber China und Russland in eine geopolitisch bessere Position zu bringen hat er diese Kräfte aufgeschreckt. Das Heranschieben von Militärbasen und Beistandspaktsystemen an die chinesische und russische Grenze, die beabsichtigte Kontrolle über die neue Kaukasus-Pipeline, das alles sorgte dafür, dass Entwicklungen in Gang gesetzt wurden die den USA Schaden! Denn die Russen fühlen sich wieder in ihrer Peripherie herausgefordert, die Chinesen direkt bedroht.

Spricht man über Russland, denken viele an ein gescheitertes Imperium und das wird wohl auch noch eine Generation lang so bleiben. Der Zusammenbruch des Sowjetsystems war eine zu einschneidende Erfahrung für die Menschen. Allerdings unterläuft da der Masse ein – verständlicher – Denkfehler. Man setzt Russland und Sowjetunion gleich. Das aber ist falsch. Denn ja, die Sowjetunion war russisch dominiert, mehr aber auch nicht. 1989 kollabierte nicht Russland, sondern die Ideologie, die Russland und die Republiken der Sowjetunion beherrscht hatte, musste ihren historischen Konkurs anmelden.

Die daraus folgende ökonomische und politische Schwächephase hat trotzdem nicht dazu geführt, dass Russland seine wirtschaftlich abhängige Peripherie verloren hätte. Ein Punkt, der jedem zu denken geben sollte. Das gerade angeblich kollabierte Russland war trotz seiner offensichtlichen Schwierigkeiten sehr wohl in der Lage, die machtpolitischen Mittel aufzuwenden um seine Stellung als Zentrum zu behaupten. Ein Erfolg, den das Land hauptsächlich seiner militärischen Stärke in Form von atomaren Massenvernichtungswaffen und technischen Rüstungsfähigkeit verdankt. Und gerade deshalb war es dumm, Russland, nachdem es diese Schwächephase verlassen hat, durch den Krieg gegen den Terror sich unnötig zum Gegner zu machen. Das die Russen auf die US-Stützpunkte an ihrer Peripherie reagieren werden würden, hätte den Amerikanern klar sein können. Aber ihre ideologische Fixierung auf altbackene Machtpolitik hat sie blind für die Risiken der Gegenwart werden lassen.

Natürlich kann auch Russland nicht die militärische Konfrontation mit den USA suchen. Es ist aber in der Lage, und auch zunehmend willens, durch den Export von Waffensystemen nicht nur Geld zu verdienen und global politischen Einfluss zu gewinnen, jetzt ist es auch wieder bereit seine Waffen so zu verkaufen, dass den USA Schaden entsteht. Denn bei allem was propagandamäßig so verbreitet wird – schlecht sind die modernen russischen Waffensysteme nicht.

Ihre Verfügbarkeit stärkt die Position der unabhängigen Länder und der Länder die wieder unabhängig werden wollen, weil der Aufwand diese Waffensysteme auszuschalten hoch ist. Interventionen werden teurer, wenn das auserkorene Opfer sich in Russlands modernem Waffenbauchladen eindecken konnte. Schnell ist der Punkt erreicht, wo es fragwürdig ist, ob die Intervention nicht zum Reinfall wird! Wieder kann hier der Iran als Beispiel gelten. Seine Fähigkeit den Luftraum zu sichern, ist durch neuwertige russische Luftabwehrwaffen eher hoch einzuschätzen. Ein Umstand, der die USA und Israel dazu zwingt einen militärischen Schlag genau und vorsichtig abzuwägen. Nicht auszudenken, welch politische Nachbeben eine erfolgreiche Verteidigung des iranischen Luftraums gegen israelische oder US-amerikanische Flugzeuge zur Folge hätte.

Trotz dieser offensichtlichen Folgen einer ideologischen Hybris ist in den USA kein Umdenken in Sicht und sie bleibt aller innenpolitischer Farbänderungen zum trotz auf imperialem Konfrontationskurs.

Gerade in der Politik gegenüber China zeigt sich dadurch mehr als nur ein Hauch imperialer Betriebsblindheit. Wenn die USA schon nicht im Koreakrieg in der Lage waren China zu schlagen, wie können sie jetzt, nach Jahrzehnten des chinesischen Aufholens ernsthaft erwarten es leichter zu haben? Aus dieser Gemütslage entsteht früher oder später die große Konfrontation des 21. Jahrhunderts. Am ehesten zu erwarten ist ein Dritter Weltkrieg zwischen den USA & Alliierten und den Chinesen & Verbündeten.

Zur Zeit befinden wir uns in der Ouvertüre dieser unheildrohenden Auseinandersetzung. Doch die Erkenntnis, dass ein imperiales Amerika China an weiterem Wachstum hemmen muss, um nicht seinen globalen Machtanspruch aufgeben zu müssen, hat man in Washington schon längst gehabt. Und auch Peking ist bereits aufgegangen, dass der Weg Chinas zur asiatischen Führungsmacht über die Hürde einer erfolgreichen Konfrontation mit den USA gehen muss. Mit dieser Erkenntnis in den beiden imperialen Eliten droht eine ähnlich katastrophale Entwicklung wie zu Beginn des Ersten Weltkriegs, in dem den führenden Militärmächten durch die Eigendynamik ihrer mobilisierten Armeen die politische Kontrolle entglitt.

Die beiden wirtschaftlich bedeutendsten Zentren der Welt werden alleine durch das Gewicht ihrer Ökonomie in den Krieg hineingezogen. Die USA und China erwarten diesen Konflikt und verhalten sich danach. Dadurch schaffen sie erst die politischen Vorbedingungen für diesen Dritten Weltkrieg! Wenn die Konfrontation erst einmal in den Köpfen der Elite angekommen ist, werden sie Alternativen nicht mehr gehen können, aus Angst ihrem Gegner gegenüber ökonomisch ins Hintertreffen zu geraten!

Diese drohende Konfrontation wird die bisher größte menschliche Katastrophe unserer Geschichte. Die Opferzahlen werden alles übersteigen was wir auch nur irgendwie erfassen können. Und weder in den USA, noch in China wird eine einzige Granate einschlagen. Denn was dort beginnt ist der Krieg der Zukunft. Dort wird er gefochten werden, der dritte Weltkrieg!

Das wahrscheinlichste Szenario: China versus USA

Wie wird er beginnen, aussehen, sich entwickeln und ausgehen?

Dieser Krieg wird sich von allem unterscheiden was dieser Planet an menschlicher Kriegsführung bisher erlebt hat, und trotzdem wird auch diese Konfrontation mit tradierten Mitteln ausgetragen. Nur dieses Mal wird der Streit das Siegel „Weltkrieg" auch völlig zu Recht tragen. Denn wenn bisher der größte Teil des Planeten von den sogenannten Weltkriegen nur indirekt politisch betroffen war, wird es jetzt ernst. Dieses Mal wird der ganze Planet, von unbedeutenden Ausnahmen abgesehen, wirtschaftlich in dieses Ringen involviert. Die Ausnahmen werden dort zu finden sein, wo keine Wirtschaft moderner Prägung existiert! Der kommende Krieg USA gegen China wird die erste große Auseinandersetzung, in der der ganze Planet zum Kampffeld einer Belagerung wird.

Man kann sich das Ganze tatsächlich vorstellen wie eine mittelalterliche Burgbelagerung. Die verfeindeten Burgen sind die USA und die Volksrepublik China, weitere kleinere Burgen sind die EU, Russland und dann noch Brasilien und Indien. Der ganze Rest ist nur Umland der jeweiligen Burgen mit Feld, Flur und Wald, und hier und da eine Quelle. Chinesen und Amerikaner versuchen dann sich gegenseitig auszuhungern. Alle Mittel sind Recht, um dem Gegner Schaden zuzufügen, nur ein direkter Angriff auf seine Burg, der kommt nicht vor.

Denn beide Burgen verfügen über Langstreckenraketen mit atomaren Mehrfachsprengköpfen und sind somit problemlos in der Lage, die Burg des Gegners auszulöschen – allerdings mit der Gewissheit, dass die letzte irdische Handlung des Feindes die eigene komplette Vernichtung wäre. Also werden die Bauernhöfe um die feindliche Burg herum zerstört, Felder verwüstet, Wälder abgebrannt und Marktplätze verheert, aber niemals die Burg des Feindes angegriffen. Wenn es Sinn zu machen scheint, kann man auch versuchen verbündete Burgen des Gegners zu vernichten. Parallel schützt man so gut es geht die eigene Bauernhöfe, Felder, Wälder, Marktplätze und Freunde.

Dank der atomaren Vergeltungsdrohung kann man den Gegner also nicht mehr endgültig militärisch besiegen. So soll er eben Hungern bis er klein beigibt! Und es gibt heuer viele Mittel Hunger auszulösen.

Das ist die Taktik der Kriegsführung des 21. Jahrhunderts. Damit hört aber auch die Sinnhaftigkeit des Burgbeispiels auf. Denn natürlich wird in unserer Zeit nicht mehr „einfach so" verheert. Wie schon geschrieben, werden die heutigen Kriege großteils mit Mitteln der wirtschaftlichen Konkurrenz ausgetragen. Dieser Umstand wird den dritten Weltkrieg zu einem einschneidenden Novum machen. Er wird sich nicht vergleichen lassen mit irgendwelchen Auseinandersetzungen des 19. oder 20. Jahrhunderts, weil in ihm ganz andere Strategien zur Anwendung kommen werden. Jedes Mal wenn man denkt, dass man bekannte Strukturen erkennt, wird es zu grausamen Überraschungen kommen.

Um diesen ersten ökonomischen Kriechkrieg vorzustellen will ich seine verschiedenen Eskalationsstufen aufzeigen. Denn natürlich wird auch dieser Krieg anfangen und aufhören. Nur wann und wie, das wird niemand so genau wissen.

Die Kriegsgründe

Es ist einfach festzustellen, warum es zum dritten Weltkrieg USA gegen China kommt.

Dem dritten Weltkrieg liegt die Konkurrenzsituation der USA zu China zugrunde. Die USA als Imperium mit globalem Machtanspruch versuchen ihre Stellung als ökonomische Nummer eins zu verteidigen, indem sie potentielle Herausforderer ihrer Machtstellung angreifen. Dieser Wahnsinn ist so alt, dass man sich lächerlich machen würde, ihm ideologische Gründe zu geben. Es geht nur um die Vorteile der Macht. Wer sie hat, kann frei entscheiden und hat ein schönes Leben auf Kosten anderer. Und genau das wollen die USA nicht aufgeben. Sie sind bereit mit Gewalt, List, Grausamkeit und Terror diesen Status zu verteidigen. Damit produzieren sie Opfer und Verlierer und setzten einen uralten Automatismus in Gang.

In diesem Fall empfindet China die Gefahr von den USA um das eigene wirtschaftliche Glück gebracht zu werden. Und natürlich wird aus der passiven Verteidigung des Eigenen schnell die aktive Annektion des Möglichen. Die USA und China werden sich also eine Auseinandersetzung liefern, in der es für die USA um ihren Machtstatus als globalen Hegemon geht und für China um die Möglichkeit unabhängig zu sein und Asien zu dominieren. Das ist der Grund für den dritten Weltkrieg.

Der Kriegsanfang

Die Frage nach dem Kriegsanfang ist nicht zu beantworten. Dieser Krieg entwickelt sich schleichend. Und da er wohl nie die Eskalationsstufe des Gefechts chinesischer und amerikanischer Truppen erreichen wird, fällt eine militärische Aktion als Indikator des Kriegsanfangs aus. Der Versuch wiederum, einen anderen Auslöser zu finden, gleicht einem Ratespiel. Denn natürlich kann es einen konkreten Auslöser geben, der eine neue Eskalationsstufe einleitet, es muss aber nicht. Vielmehr ist es sehr wahrscheinlich, dass gerade das nicht passiert. Vielleicht hat dieser Krieg schon angefangen ... ?

Welche Schlüsse die Chinesen aus dem Ausbau des amerikanischen Stützpunktsystems im Schatten des „Kriegs gegen den Terror" gezogen haben, kann niemand wissen. Wir wissen aber, dass sie seither anders auftreten und auch mal die Exportquoten seltener Erden stark herunterfahren.

Sind solche Vorgänge schon die ersten taktischen Züge der ökonomischen Auseinandersetzung oder einfach nur Handlungen, die konkret auf internen Vorgängen beruhen?

Dieses unbestimmte Gesicht wird den Krieg der Zukunft insgesamt kennzeichnen. Es dürfte also unmöglich sein, den Anfang des Krieges genau zu datieren. Die offiziellen Verlautbarungen der Kontrahenten dürfen schon jetzt getrost komplett als Propaganda wahrgenommen werden und müssen deshalb mit äußerster Vorsicht behandelt werden. Schließlich biegen Menschen die Wahrheit nicht nur, um eine ihnen genehme produzieren zu können, sondern verknoten, zerschneiden und kleben sie auch noch nach gusto.

Das Kriegsende

Um es der Einfachheit halber kurz voraus zu nehmen: Ist es aufgrund des schleichenden Charakters der neuen Kriegsführung schon schwierig bis unmöglich den Anfang des Krieges zu bestimmen, wird es noch viel frustrierender sein Ende erfassen zu wollen. Beide Gegner haben riesige Reserven, alleine deshalb ist unwahrscheinlich, dass es einen entscheidenden Vorgang gibt der den Krieg entscheidet. Vielmehr wird der Ausgang davon bestimmt, wer zum Schluss in der wirtschaftlichen Offensive bleiben kann und wer zu diesem Zeitpunkt in der Defensive verharren muss.

Da niemand absehen kann, auch nicht die beteiligten Kontrahenten, wann diese Schlussphase beginnt, wird dieser Krieg sehr lange andauern. Wenn eine der beiden Seiten in mehreren Bereichen nicht mehr mithalten kann, zunehmend improvisieren muss und weiterhin den zunehmenden ökonomischen Attacken des Gegner ausgesetzt ist, dann nähert sich der Krieg seinem Höhepunkt – nicht seinem Ende! Nach diesem Höhepunkt wird aber klar sein wer gewinnt. Improvisation und Reaktion verbrauchen im allgemeinen viel mehr Kraft, als ein abgewogener Angriff auf die Position des Gegners. Deshalb wird ein improvisierender oder ein in die Passivität gedrängter Gegner ökonomisch draufzahlen. Das aber lässt ihn proportional zurückfallen und sorgt dafür, dass sein Feind immer heftiger zuschlagen kann.

Damit beginnt die zweite Hälfte des Krieges, in der es um die Frage geht wie viel den Verlierer die Niederlage kosten wird. Diese Phase kann ebenfalls sehr lange dauern. Das wirkliche Ende des Krieges ist dann erreicht, wenn ein Gegner die Unterordnung seiner Ambitionen unter die des Feindes akzeptiert und durchführt. Auch das ist eine Entwicklung die eine eigene Dynamik besitzen wird und aller Wahrscheinlichkeit quälend langsam verläuft.

Diese Choreographie, also die schleichende Entwicklung der kriegerischen Konfrontation, ihr langer Verlauf und dann noch ein langsames Auslaufen ist die Ideallinie. Im langen Verlauf wird es diverse technische Innovationen geben, die einen starken Einfluss auf die Geschehnisse haben werden. Allerdings wird dies dadurch ausgeglichen, dass beide Seiten eine Reihe von Innovationen entwickeln werden. Sollte aber einer Seite eine grundlegende Schlüsselinnovation gelingen, wird das den erwarteten Verlauf über den Haufen werfen. Wie sich dieser Krieg dann entwickelt ist offen.

Die vielen Gesichter des Krieges der Zukunft

Warum es ihn geben wird wissen wir, wann er anfängt und wie er endet nicht. Wie er sein wird, können wir aber schon heute erahnen. Wie wird er also sein, der dritte Weltkrieg?

Dieser Krieg wird sich von allem unterscheiden, was wir bisher als kriegerische Aktion wahrgenommen haben. Er wird alles beinhalten was wir bisher als Krieg kennen gelernt haben, aber darüber hinaus tausend neue grausame Fratzen zeigen. In diesem Krieg ist die ganze Welt das Schlachtfeld, auch vornehmlich neutrale oder unabhängige Mächte werden sofort involviert sein. Niemand wird sich diesem Alb entziehen können. Denn hier kämpfen nicht zwei Nationalstaaten, auch keine Ideologien sondern zwei oder mehrere wirtschaftliche Imperien gegen einander. Jeder der Kontrahenten steigt mit einer eigenen abhängigen Peripherie in den Ring. Alle haben durch wirtschaftliche oder politische Ketten weite Gebiete der Welt unter ihren Einfluss gebracht. Es geht darum den Gegner ökonomisch komplett zu erschöpfen.

Deshalb wird ein Anteil dieser Auseinandersetzung darum den jeweiligen Feind um die Umsätze seiner Wirtschaft zu bringen. Der Kampf um die Zuflüsse von Rohstoffen die er braucht, ist ein entscheidender Ansatz dazu. Ohne Rohstoffe, oder mit überteuerten Rohstoffen sieht sich der Gegner schnell außerstande auf dem Weltmarkt mitzuhalten. Er verliert Marktanteile und damit ökonomische Potenz. Ihn von strategischen Quellen seiner Ökonomie abzuschneiden ist einer der wichtigsten Angriffsarten im Krieg der Zukunft. Dieser Teil des Kampfes wird deshalb Schwerpunktmäßig in den Ländern der Peripherie oder der Unabhängigen geschlagen. Das bedeutet, dass beide Seiten ihr gesamtes Potential einsetzten, um sich selbst möglichst viele Absatzmärkte und Rohstoffquellen zu sichern und andererseits dem Gegner so viel wie möglich zu entwinden.

Ein anderes Ziel ist die feindliche Ökonomie selber. Aber auch dann schlagen keine Langstreckenraketen in Shopping Malls ein. Nein, vielmehr geht es darum die ökonomischen Verflechtungen des Feindes zu stören, ihm wo es geht Sand ins Getriebe der Wirtschaft zu schütten. In den Shopping Malls soll das Licht ausgehen!

Ein Zielgebiet ist deshalb der Markt des Gegners. Ihn seiner Funktion als Bindeglied und Ausgleich zwischen Produzenten und Konsumenten ausfallen zu lassen ist dank digitaler Revolution möglich geworden und verlockend. Zudem sich solche Angriffe anonym oder durch Subunternehmer des Krieges durchführen lassen.

Weitere legitime Ziele sind die Konsumenten als Individuen und die Produzenten als Funktion. Damit ist die gesamte Ökonomie des Feindes Ziel der Attacken. Die Angriffe auf Konsumenten, Markt und Produzenten sollen die Ökonomie des Gegners lähmen. Eine gelähmte Ökonomie nimmt dem Gegner jede Möglichkeit militärisch mitzuhalten. Um das zu erreichen ist jedes Mittel recht. Ein paar der bisher schon gebräuchlichen Mittel und einige weitere Innovationen im Krieg der Zukunft werde ich jetzt vorstellen.

Altbackene Mittel

▸ Lebensmittellieferungen

Man erpresst eine Regierung mit dringend benötigten Lebensmittellieferungen. Dadurch zwingt man mehr als nur ein paar politische Konzessionen ab. Viele Gesellschaften sind auf große Lebensmittellieferungen angewiesen. Ein Mittel, das die USA gerne und häufig einsetzen können, da sie einer der wichtigsten Lebensmittel Überschussproduzenten sind.

▸ Waffenverkäufe

Strategische Waffenverkäufe an unabhängige Länder, oder solche die es werden wollen, um sie dem Einfluss des Gegners zu entziehen oder ihn zumindest zu schwächen. Ein gebräuchliches Mittel, das schon immer eingesetzt wurde, und das auch die Chinesen anzuwenden gelernt haben. Bisher sind ihre Möglichkeiten in diesem Bereich allerdings beschränkt, da ihr technisches Niveau weit unter dem der USA liegt – noch! Russen und Europäer hingegen liefern gerne ihre high-tech Waffen. Bisher immer sorgsam darauf achtend, dass man damit niemand unnötig auf die Füße tritt, wandelt sich die Situation. Waffenlieferungen werden immer mehr auch zum Mittel internationaler Politik. Im Krieg der Zukunft dürfte der Weltmarkt für Waffen ins Gigantische wachsen. Lieferungen, und vor allem Nicht-Lieferungen werden ein effektives Mittel, um imperialen Einfluss geltend zu machen. Das mit der steigenden Verfügbarkeit moderner Waffen auch ihre Einsatzwahrscheinlichkeit steigt, dürfte klar sein. Aber wen stört es, wenn im Krieg der Zukunft auch mal ein paar Statisten aufeinander schießen. Das gehört doch auch dazu!

- Bestechung und Förderung

Finanzielle Einflussnahme auf politischen Parteien, Religionsgemeinschaften, ethnische Minderheiten und ähnliches, um mit diesen dann politischen Einfluss zu generieren – Ein uraltes Mittel, das natürlich nichts mit Bestechung zu tun hat. Wer besticht schon eine Körperschaft? Das wäre viel zu teuer. Es reicht, bestimmte politische und soziale Ideen durch ihre Sprachrohre zu fördern, um der Gegenseite Probleme zu bereiten. Der gewonnene politische Einfluss lässt sich vielfältig nutzen, zum Beispiel um Joint ventures der Gegenseite aufzulösen und damit Ressourcen dem Zugriff des Feindes zu entziehen. Oder um Gesellschaften zu schwächen oder gar zu spalten. Sie je nach Interesse zu kalten oder heißen Bruderkriegen aufstacheln. Dadurch werden diese Gesellschaften total abhängig und fremdbestimmt. Bei anderen lässt sich der politische Freiraum der Regierenden solcherart ungemein einschränken. Also ein prima Geschäft. Man kauft sich so politische Gestaltungsmacht in fremden Gesellschaften. Ein Mittel, das alle, egal ob Zentrum, Imperium, Freie oder Peripherie, anwenden. Sein Einsatz wird sich steigern.

- Neue Freundschaften im Zeichen des Terrors/Wiederstands

Die Unterstützung aller politischen, religiösen und terroristischen Gruppen die sich, warum auch immer, gegen den Feind gewandt haben. Auch das ein altbackenes Mittel, das aber in einer globalen Konfrontation in einem ganz neuen Maßstab Anwendung finden wird. Schließlich ist eine Folge der Entwicklung zu Zentren/Imperien, dass die fremdbestimmten Zonen der Welt sich massiv vergrößern werden - und das geht nicht ohne Widerstand ab, der dann wider vom Feind instrumentalisiert werden kann.

▸ Stellvertreterkriege

Stellvertreterkriege werden wieder in großem Umfang geführt. Da eine direkte Konfrontation der Gegner ausgeschlossen ist, schicken die Imperien über ihnen politisch hörige Eliten Stellvertreter in den Ring des konventionellen Krieges. Alte Feindschaften, die man dazu missbrauchen kann, gibt es weltweit genug. Darüber hinaus sind mehr als nur ein paar Völker derart scharf darauf ihren Nachbarn anzufallen, dass man von Missbrauch gar nicht sprechen kann. Bisher unterdrücken die Großen häufig diese Spannungen im Sinne eines „ruhigen" Marktes. Sobald dieser Druck punktuell aufgehoben wird, geht das Hauen und Stechen vielerorts sofort los.

Dann braucht der moderne Imperialist nur noch die benötigten Waffen zu „verkaufen" und schon läuft der schönste Stellvertreterkrieg. Es wäre auch möglich das die jeweiligen Imperien stärker involviert werden. Es ist auszuschließen, dass sich zum Beispiel Chinesen und US-Amerikaner gegenseitig beschießen. Allerdings ist es gut möglich, dass sich Stellvertreterkriege so hoch schaukeln, dass Chinesen auf US-ausgerüstete Vietnamesen und US-Amerikaner auf mit China verbündete Inder zielen!

Allerdings hat die Entwicklung konventioneller Militärmacht in den Imperien ein Niveau erreicht, das grausam effektiv aber auch exorbitant teuer ist. Und deshalb werden Stellvertreterkriege mit ihrer Möglichkeit der konventionellen Eskalation seltene Ereignisse im langen Krieg der Zukunft bleiben.

Sinn und Zweck dieser seltenen Kämpfe wird nur in Ausnahmefällen das Erobern fremden Territoriums und fremder Ressourcen durch den Stellvertreter sein, auch wenn die das selber glauben. Vielmehr sollen diese Kriege im Krieg der materiellen Erschöpfung des Gegners dienen. Man rüstet seinen Stellvertreter so auf, dass idealerweise der Gegner eine diese Menge weit übersteigende Materialmasse in seinen Schützling pumpen muss, damit dieser bestehen kann. Darüber hinaus lassen sich so eigene Stärken genauso wie des Gegners Schwächen vorführen. Die Technik der Stellvertreterkriege ist beiden Kontrahenten gut geläufig.

▸ Ökonomische Sabotage

Ein weiteres Mittel wird die ökonomische Sabotage des Gegners sein. Sie wird viele Gesichter haben. Das gegenseitige „Wegkaufen" von handelbaren Rohstoffen; den Preis für Ressourcen, die der Gegner braucht und kaufen kann in die Höhe treiben; Versorgungssicherheiten verhindern; über supranationale Einrichtungen den Gegner infiltrieren und ausspähen. Ihn über Auflagen solcher Institutionen ökonomisch schwächen, seine Verbündeten mit all diesen Mitteln angehen, damit sie ihm wirtschaftlich belasten. Das alles war bisher die große Stärke des Westens – aber den wird es bald nicht mehr in dieser Form geben. Es gibt dann mindestens zwei Akteure, die diese Mittel meisterhaft einsetzten können, und die anderen lernen ebenfalls schnell.

▸ Gesellschaftliche Destabilisierung

Ein besonders zukunftsträchtiges Mittel wird das Destabilisieren der Feindgesellschaften sein. Den sozialen Frieden zu stören, ihn bestenfalls in Unruhen zerbrechen zu lassen. Auf den ersten Blick scheint der Gigant China für diese Form der Kriegsführung am Anfälligsten zu sein. Die Chinesen haben in weiten Landesteilen große Minderheiten, die unter der Dominanz der Hanchinesen zu leiden haben. Darüber hinaus wächst die Schere zwischen armen und reichen Chinesen in einer atemberaubenden Geschwindigkeit. Ganz zu schweigen von

Tibet, das trotz der Ansiedlung hunderttausender Chinesen ein besetztes Land ist.

Trotzdem dürfte im Verlauf eines langen Krieges die USA in dieser Hinsicht die größeren Probleme bekommen. China besitzt eine uralte Tradition und Kultur, seine Bevölkerung besteht zum Großteil aus den kulturell homogenen und dominierenden Hanchinesen und die chinesische Gesellschaft besitzt eine ganzes Repertoire von sozialen Ausgleichsmechanismen, die sich schnell zu einer großen sozialen Stabilisierungsmaßnahme verdichten lassen. Schließlich ist es China trotz aller Angriffe der europäischen Kolonialmächte, des japanischen Imperialismus und anderer Hyänen gelungen seine Integrität zu wahren. Das alles lässt eine eine große Belastbarkeit in einer Situation der kriegerischen Konfrontation erwarten.

Die USA hingegen sind ein unglaublich reiches Land das ethnisch, kulturell und sozial zersplittert ist. Nur der aufgepumpte Nationalismus und ein aufgesetztes ideologisches Sendungsbewußtsein verleimt noch die auseinander strebenden Menschen. Zudem leiden die Amerikaner unter ihrer Ideologie der persönlichen Bereicherung, die zig Millionen von armen Amerikanern als Menschen zweiter Klasse abstempelt. Schon im Frieden gleicht die Mentalität eines großen Teiles der Amerikaner der eines permanent Belagerten.

Insgesamt kann man feststellen, dass die USA durch die vielen Bruchlinien ihrer sozialen Gemeinschaft jetzt schon mit den Nerven fertig sind und ihr Heil in einem repressiven Polizei- und Rechtsapparat suchen. Es ist höchst unwahrscheinlich, dass sie den Belastungen eines echten Krieges - der mitnichten schnell und siegreich verlaufen wird - lange standhalten.

Ich gehe vielmehr davon aus, dass die Schichtung der US-Gesellschaft in einer solchen Situation sich weiter verschärfen wird und den Regierenden nichts anderes übrig bleiben wird, als die Akzeptanz des Systems mit Manipulationen und Gewalt aufrecht zu erhalten. Die Berreicherungsideologie der amerikanischen Gesellschaft und ihre daraus resultierende soziale Schieflage bedeuten einige erhebliche Schwächemomente, die, je länger der Krieg dauert, umsoo stärker ins Gewicht fallen.

Auf der chinesischen Seite ist genau das Gegenteil zu erwarten. In der Anfangsphase des Krieges werden die ethnischen Bruchlinien sofort aufplatzen wenn die soziale Realität dahin drückt. Da hilft auch keine Repression. Das aber zwingt dazu die Probleme anzugehen! Wenn es China gelingt, im Verlauf der Entwicklungen genau diese Probleme tragfähig zu lösen, wird die daraus entstehende Dynamik ein bedeutender Kraftquell für die Chinesen sein. Nichts mobilisiert mehr soziale Energie als persönlich gefühlter Fortschritt.

Für die Chinesen ist die Lösung dieser Herausforderungen ungleich leichter. Tibet brauchen sie nicht, indirekte Kontrolle reicht völlig aus. Ethnische Spannungen kann man mit biegsamer Minderheitenpolitik entschärfen. Alles keine unüberwindlichen Probleme und im Keim bereits in der Anwendung.

Wie aber sollen die USA ihre sozialen Probleme dauerhaft überwinden? Das ginge nur begleitet von der Etablierung eines die wirtschaftlichen Ungerechtigkeiten abfedernden sozialen Ausgleichs und der Abkehr von ihrer Ideologie. Dazu müssten sich die USA neu erfinden. Hat ein altes Imperium, das Krieg führt um politische Veränderungen zu verhindern, dazu die Kraft und den Willen? Ich weiß es nicht. Wenn die USA die Kraft dazu hätten, müssten sie nicht am Krieg der Zukunft als Kontrahent teilnehmen!

Sicher ist nur, wo immer Bruchlinien sind, oder auch nur vermutet werden, wird der Gegner ansetzten. Mit Propaganda, Aufklärung und auch mit Terror..

▸ Immigration

Das Auslösen und Verstärken von Wanderbewegungen, um soziale Spannungen in den Zentren zu erhöhen, politische Radikalisierungen zu fördern und ökonomische Belastungen zu schaffen bietet ein großes Potential. Zum Beispiel wäre es sehr effektiv über Mittelsmänner die notwendige Technik an die Schlepperkonzerne zu liefern, um das massenhafte Queren des Mittelmeers Richtung Europa zu ermöglichen. Was das an Belastungen für die europäischen Sozialwesen bedeuten kann ist evident. Der Aufwand um die Grenzen gegen diese unkontrollierte Armutswanderung zu sperren würde ungeheuer viel Geld und politische Kraft kosten.

▸ Medikamente, eine teuflische Idee

Medikamentenfälschung bringt gerade in überalterte Gesellschaften einen Schuss höchster sozialer Bitterkeit hinein. Gelingt es einem Gegner unerkannt gefälschte Medikamente beim Feind in Umlauf zu bringen, unterhöhlt er das Vertrauen in die Solidarität der Anderen. Von verschriebenen Medikamenten kränker zu werden ist eine herbe Enttäuschung – das Gerücht dazu, dies sein eine Folge der Sparauflage der kriegsführenden Gesellschaft und schon ist das Ziel erreicht. Der einzelne empfindet Angst vor Krankheiten, entwickelt Hemmschwellen Medikamente zu nutzen und misstraut dem gesellschaftlichen Gesundheitssystem. Abrunden kann man diesen Ansatz durch das anbieten von weitaus günstigeren Generika mit extra hinzugefügten Nebenwirkungen. Der unterschiedliche Preis der verschiedenen Medikamente schafft das Bewußtsein einer sozialen Ungerechtigkeit und schürt damit die inneren sozialen Konflikte.

Die neuen Mittel

▸ Der alte und neue Drogenhandel

Der Drogenhandel ist ein erprobtes Feld der internationalen Kriegsführung. Er hat als Kriegswaffe seine eigene Geschichte. Dem Gegner schädigende Drogen zu verkaufen dürfte jeden kriegsführenden zu Freudessprüngen anregen: Man verkauft für teures Geld dem Gegner Substanzen, die ihm individuell und gesellschaftlich großen Schaden zufügen. Mit dieser Form der Kriegsführung verdient man darüber hinaus auch noch doppelt wertvolles Geld. Schließlich ist jeder Euro den man erhält, ein Euro den der Gegner verliert.

Diese Form der Kriegsführung ist das Ergebnis einer langen Entwicklung. Sie reicht vom Opiumkrieg bis in die Zeit kurz nach dem zweiten Weltkrieg. Dann entdeckte die CIA dieses Instrument für sich und nutzte es zur Zeit des Vietnamkrieges bereits im großen Umfang. Die CIA war zu diesem Zeitpunkt maßgeblich in den Transport und Verkauf der Drogen in Südostasien und Lateinamerika verstrickt und schöpfte einen Teil der immensen Gewinne aus dem Handel ab. Damit bezahlte sie ihre Geheimoperationen und ihre Geheimkriege in diesen Weltregionen.

Der Drogenkonsument bezahlte also nicht nur die kriminelle Vereinigung Drogenmafia sondern auch die CIA. Mit diesem Geld wurden Mörder von missliebigen Personen bezahlt,

Putsche organisiert, Todesschwadrone ausgebildet und ausgerüstet und Folterknechte entlohnt, um Amerikas Interessen da durch zusetzten wo sie die CIA gefährdet sah.

Das diese Technik ein hohes Risiko beinhaltet, zeigte sich ebenfalls schon im Vietnamkrieg. Der Drogenhandel existiert natürlich auch unabhängig von staatlicher Protektion und Förderung, und er ist ganz bestimmt nicht durch staatliche Organe zu kontrollieren. Den USA gelang es durch Hilfe in der Produktion und im Transport, sowie durch politische Einflussnahmen die Drogenwirtschaft anschwellen zu lassen. Dadurch wurden Millionen von potentiellen Gegnern neutralisiert, und gigantische Summen der eigenen Politik nutzbar gemacht.

Aber der Drogenmarkt funktioniert nach seinen eigenen Regeln. Er dient nur der maximalen Bereicherung weniger. Es geht nur um den maximalen Profit. Wer produziert, konsumiert und krepiert ist völlig zweitrangig. Das Aufblähen des Drogenmarktes, das Optimieren der Produktion und Distribution, die Durchdringung der Politik vieler Regierungen mit den Interessen des freien Drogenmarktes waren für die USA ein Bumerang. Den paar Milliarden Dollar, die skrupellose Geister der CIA für ihre Ziele gewinnen konnten, stehen einige Jahrzehnte später ein Vielfaches an Schaden und Kosten in ihrer eigenen Gesellschaft gegenüber. Die Geister, die man rief wird man bis heute nicht mehr los.

Jeden Tag sterben junge Europäer und Amerikaner an Stoffen, die nur durch die damalige Politik der CIA in solch einem Umfang global verfügbar geworden sind. Der dadurch in den USA angerichtete Schaden erreicht Summen, die jede Vorstellungskraft sprengen. Augenfällig war die starke Verbreitung von Drogen bei den US-Truppen in Vietnam zum

Ende der amerikanischen Intervention. Aber konnte man darüber überrascht sein? Der potentielle Profit mit einem Kilo Heroin muss doch mit wohlhabenden Amerikanern viel höher sein als mit Slumbewohnern in Thailand!

Der Versuch, mit dem Verfügbar machen von Drogen den Feind zu schädigen ist also nicht ungefährlich. Eine Aktion muss gut abgewogen und durchdacht sein. Aber bis heute hat dieser Ansatz nichts von seiner kurzfristigen Wirkungsgefahr verloren. Und gerade in einem zukünftigen ökonomischen Weltkrieg ist mit dem Einsatz dieses Mittels zu rechnen. Heute bietet die weiterentwickelte chemische Industrie und der große Erfahrungsstand in der Produktion synthetischer Drogen ungeahnte Möglichkeiten.

Zudem hat sich in vielen Gesellschaften im Frieden ein sozialer Zustand etabliert der viele Menschen höchstgradig frustriert und vereinsamen lässt. Schon jetzt greifen vieler dieser Individuen nach Drogen. Man denke nur an Chrystal Meth. Eine weitere Verschärfung der sozialen Lage im Kriegsfall wird noch mehr Menschen für die Verlockungen der radikalen Realitätsflucht anfällig machen.

Diesen Schwächemoment des Feindes kann heute noch viel genauer angegangen werden als jemals zuvor. So lassen sich Drogen designen, die wirkungsspezifisch auf klar definierte Konsumentenkreise festgelegt sind! Eine Droge, die nur die feindliche Bevölkerung anspricht, von ihr eifrig konsumiert wird, ein hohes Suchtpotential besitzt, Bewusstseinsschädigend wirkt und langfristig halb debile Geisteskrüppel übrig lässt. Was für eine Kriegswaffe!

Perfekt für den Krieg der Zukunft geeignet. Mit ihr zwingt man den Gegner scharfe Maßnahmen zu ergreifen, um die

Verbreitung solcher Substanzen zu verhindern. Die gesellschaftlichen Schäden durch diese Repression übersteigen die des Drogenkonsums bei weitem. Beim Gegner liegen die Nerven blank! Wieder ein Punkt für die eigene Seite.

Besonders interessant wird dieser Ansatz wenn man aus der reinen Chemieecke heraustritt und diesen Ansatz weiterspinnt. Die Digitalisierung des sozialen Alltages ermöglicht auch hier ganz neue Ansätze. Vielleicht wird es in wenigen Jahren möglich sein über die Netzhaut der Augen digital bewusstseinsverändernde Manipulationen vorzunehmen. Stichworte sind hier Internet und Onlinespielsucht. Es gibt also Möglichkeiten. Man muss sein Angebot nur auf die mentale Situation des gefährdeten Individuums anpassen. Auf modedeutsch, den Gefährdeten dort abpassen, wo er jetzt gerade steht, und schon hat man den nächsten sozialen Zombie geschaffen.

▸ Der virtuelle Krieg der Zukunft

Der virtuelle Krieg mit den Mitteln des Internets. Das Internet und die gesamte Digitalisierung von Wissen und Kommunikation hat einen ganz neues Feld für potentielle Schläge geschaffen. Hier kann der Angreifer direkt Hand anlegen an Produzenten, den Markt und die Konsumenten, also an die gesamte Ökonomie des Gegners. Was kostet es eine Gesellschaft an Kraft, Nerven und Geld wenn Schadsoftware die Banken lahmlegt. Man stelle sich den Worst case vor: Alle Daten über alle Konten der größten Bankhäuser werden vernichtet, indem mehrere Rechenzentren gleichzeitig unter solchen Angriffen kollabieren. Wie groß wäre der Aufwand wenn 60% der Bevölkerung anhand der Kontoauszüge versuchen ihren aktuellen Kontenstand zu belegen. Welche Folgen stellen sie für die Realwirtschaft ein, wenn Millionen von

Menschen über kein Digitalgeld mehr verfügen können, weil die Chips ihrer Bankkarten infolge einer Attacke unbenutzbar geworden sind? Noch besser, hunderttausend Bankkunden finden mehrere Tausend, oder gar Millionen Euro mehr auf ihrem Konto vor und .... was dann? Wieviel Wut, Frust und Enttäuschung kann man so generieren. Zudem, wie geht man mit den Schlaubergern um, die das Geld gleich abgehoben haben und nicht einfach bereit sind es wieder herzugeben? Was wenn sich solche Vorgänge alle paar Monate wiederholen? Wenn bei Hinz und Kunz die Hoffnung auf den „Hauptgewinn" im Laufe der Zeit alle Vorbehalte erodieren lässt und staatliche Repression notwendig wird, um die Situation zu stabilisieren?

Man erahnt, welche Möglichkeiten der sozialen und wirtschaftlichen Destabilisierung das Bankwesen für einen digitalen Angreifer bedeuten kann. Oder das Onlinebestellwesen wird zum Ziel, indem einfach Unmengen falscher oder verfälschter Bestellungen zur Ausführung kommen. Welche Belastungen für Produzenten, Händler, Konsumenten und Transportgewerbe lassen sich so realisieren. Zudem trifft es so die Spähre der Konsuminfrastruktur des kleinen Mannes, also desjenigen auf dessen Kosten der Krieg geführt wird, und der doch geradezu ängstlich von der Elite vom Bewusst werden des Krieges abgehalten werden muss, um nicht Gefahr zu laufen, dass er gegen ihn opponiert!

Ganz banal das Manipulieren von falschen Überweisungen zu Lasten der Bankhäuser. Welcher Bankkunde wird freiwillig das Geld wieder von seinem Konto verschwinden lassen. Wie viel Frust lässt sich so produzieren. Die Möglichkeiten sind genauso groß wie der Anwendungsbereich dieser Technik. Die Sicherheit hier zu erhöhen, oder gar umfassend zu garantieren dürfte unmöglich sein, oder ist dann der Ultimative zu erreichende ökonomische Aufwand den man zum Schaden des

Gegners anrichten kann.

Wenn eine Seite ein deutliches Übergewicht in diesem Bereich der digitalen Kriegsführung erreicht kann sie Verbündete des Gegners und unabhängige Staaten so schädigen und entnerven, dass die Position des Feindes massiv geschwächt wird. Man wird sich dann zweimal überlegen müssen, wenn man etwas verkauft, mit wem man Geschäfte macht und wem man hilft. Eine deutliche Warnung an alle politischen Krämerseelen die meinen, irgendwer könnte diese Konfrontation zum eigenen ökonomischen Vorteil ausnutzen.

▸ Telekommunikation stören

Was der Onlineterror weiter oben für die Wirtschaft bedeutet, kann die systematische Störung in der Telekommunikation für die Abläufe und Organisation der Gesellschaft sein. Zum einen sind die Schnittstellen der Kommunikation die wichtigsten Einfallstore für digitale Terrorangriffe, zum anderen ist die Telekommunikation ein ganz entscheidendes Stück des Fundaments moderner Gesellschaften. Wer hier angreift, und wenn er nur stört, erreicht viel. Ohne sichere Kommunikation ist die moderne Gesellschaft direkt bedroht. Von der Organisation ökonomischer Abläufe, bis hin zum sozialen Kontaktmedium schlechthin reicht die Bedeutung der Telekommunikation. Und mit Störsendern, digitalen Anschlägen auf Sendetürme und technische Schnittstellen, sowie dem Einsatz von Schadsoftware zur Lahmlegung oder Manipulation der Technik lässt sich hier einiges erreichen.

Wer hier den Finger am Abzug hat bürdet dem Angegriffenen gigantische Belastungen auf. Für den Angreifer vorteilhaft ist die große Wirkungsbreite die seine Angriffe hier entwickeln. Von der polnischen Spedition, die sich plötzlich von ihren

Fahrern in Frankreich abgeschnitten sieht und die deshalb weder den weiteren Einsatz, noch die lückenlose Dokumentation ihres Fuhrparks leisten kann, bis hin zu Ehefrau, die ihren Mann im ökonomischen Auslandseinsatz nicht sprechen kann. Nachteil ist die schwierige Konzentration der Angriffe auf bestimmte Ziele. Deshalb ist eine Attacke gegen die Telekommunikation des Gegners immer auch ein Terrorangriff und muss solcherart auch geplant und verstanden werden. Damit umsatzstarke Konzerne mehr als nur zu stören dürfte schwierig werden, aber um der breiten Masse der Bevölkerung ein persönliches Bedrohungsgefühl zu verschaffen reicht das allemal. Eingebunden in eine Online-Angriffskampagne und weitere Attacken auf soziale Netzwerke und die Konsuminfrastruktur kann man den modernen Menschen da treffen wo er verletzbar ist und sich kaum wehren kann. In seiner Einsamkeit!

▸ Soziale Netzwerke angreifen oder manipulieren

Bisher waren soziale Netzwerke der wichtigste stabilisierende Faktor in der Ausnahmesituation „Krieg". Das Vorhandensein von intakten sozialen Netzwerken schuf stabile Gesellschaften, die Herausforderungen meistern konnten. Je stärker die Netzwerke belastbar waren, desto mehr hielt eine kriegsführende Gesellschaft aus. Das wird anders werden. Die sozialen Netzwerke werden zum Angriffspunkt. Im nächsten großen Krieg ist nicht mehr die militärische Kraft des Gegners Ziel der Attacken, sondern die Gesellschaft als Träger der Ökonomie selber wird geschädigt wo es geht, um damit sekundär ihr militärisches Potential zu schwächen. Das betrifft natürlich auch den maßgeblichen Faktor sozialer Stärke, die Gemeinschaft in Form des eigenen Netzwerkes von sozialen Verbindungen. Diese sind eigentlich für den Gegner weitestgehend unangreifbar.

Die Entwicklung der letzten Jahre hat hier aber eine Achillessehne der modernen Gesellschaften deutlich werden lassen, die schwächer nicht sein kann. Die Übertragung von bestehenden sozialen Kontakten in den digitalen Raum und noch viel mehr das suchen, finden und pflegen von neuen sozialen Kontakten dorthin. Das bedeutet: Jemandem der technisch in der Lage, und der willens ist, dort anzugreifen, eröffnet sich die historische Möglichkeit zum ersten Mal seine Hand direkt auf bzw. an die sozialen Netzwerke des Gegners zu legen. Hier tun sich gigantische Möglichkeiten auf. Wege, die noch niemals gegangen wurden, öffnen sich dem Feind, allen Feinden dieser Welt! Zum ersten Mal in der Geschichte der Menschheit lassen sich die soziale Bindungen von Millionen von Menschen angreifen. Die Chancen sind so groß wie die Kreativität des Angreifers. Vom banalen Stören und Unterbrechen bis hin zum weitaus effektiveren Manipulieren reicht das Gefährdungspotential. Stell dir vor, Du findest auf einer Flirtsite eine perfekte Person, ihr versteht euch perfekt doch dann beginnt das nervenaufreibende auf und ab, zuletzt die schmerzhafte Enttäuschung ... . Bist Du selber schuld? Was bist Du nur für ein Versager!

Und das passiert hundertfach, tausendfach, jeden Tag. Und so etwas ist unbedeutender Kleinkram im Vergleich zu dem was sich in gruppenspezifischen Portalen an Angst, Frust, individueller Unzufriedenheit und Schlimmerem schüren lässt. Ganze Gruppen lassen sich billigst gegeneinander aufhetzen, ausspielen und der Einzelne wird die vergiftete soziale Atmosphäre mit Angst, Einsamkeit und Unsicherheit bezahlen. Mission accomplished. Die sozialen Bedürfnisse von Kontakt, Information und Emotionen können damit dem Zugriff eines feindlichen Akteurs offen liegen. Die Nerven des Einzelnen liegen in der Folge blank! Er entwickelt Misstrauen gegen sein einziges Mittel, Kontakte in der instabilen Welt von Morgen aufrecht zu erhalten. Die Einsamkeit kriecht aus seinem Bildschirm, seinem Smartphone heraus und wird ihn bald vergiften. Nichts und niemand aber ist einfacher zu zerbrechen als ein einsamer Mensch!

Bei den hier genannten Ansätzen handelt es sich nur um willkürlich gewählte Beispiele, die ich vorgestellt habe um dem Leser eine Vorstellung von der Bandbreite der Kämpfe, der „Fronten", im Krieg der Zukunft zu vermitteln.

Neben diesem Grundgefühl für das, was uns droht, kommen noch ein paar weitere Faktoren hinzu, die dem Krieg der Zukunft sein unverwechselbares Gepräge verschaffen werden. Einer dieser Faktoren ist das Atomzeitalter, das schon vor einiger Zeit begonnen hat. Die großen Imperien sind alle Atommächte. Sie verfügen über Atomwaffen und Trägersysteme genug, um uns ein neues Steinzeitalter zu ermöglichen.

Lange Jahre argumentierten Menschen, dass damit der konventionelle Krieg zwischen den Imperien unmöglich geworden sei. Dem ist leider nicht so, vielmehr wird mit dem Status „Atommacht" nur die Form der Auseinandersetzung neu definiert. Eine direkte atomare Konfrontation zwischen den Imperien ist möglich, aber unwahrscheinlich. Damit ist aber nicht gesagt das der Einsatz von Atomwaffen unwahrscheinlich ist. Leider ist den Eliten der Imperien auch zu zutrauen, dass sie gegen einen unterlegenen Gegner auch die Atombombe einsetzen, um Angst und Schrecken zu verbreiten – also Machtpolitik zu betreiben. Man denke nur an die US-Mininukes.

Der Krieg der Zukunft kann in seinen wenigen Stellvertreterkriegen also schnell zu begrenzten Atomkriegen eskalieren. Nein, man wird nicht die Erde zum Mond machen, aber sie werden zeigen wollen, dass sie es könnten! Ein kleiner, fest umrissener Einsatz der Atomwaffen in Stellvertreterkriegen ist wahrscheinlich. Die Formulierung „kleiner, fest umrissener" betrifft nur die politischen Folgen, die menschliche Katastrophe in den betroffenen Ländern der Peripherie wird alles andere als das sein.

Ein anderer nicht weniger bedeutsamer Faktor ist die sichere Annahme, dass die Weltwirtschaft stark unter dieser langen Konfrontation leiden wird und im Volumen signifikant trotz Kriegsrüstungsbooms absinkt. Das wird das Leid vieler Armer dieser Welt über den zu überlebenden Punkt erhöhen und ein Massensterben in den Hungerländern der Welt verursachen. In der Folge auch eine globale Bevölkerungsverschiebung durch Fluchtbewegungen.

Das wird nicht nur die mediale Begleitmusik in den Erfolgsmeldungen der eigenen Oberschicht, sondern auch den Charakter der Auseinandersetzungen immer weiter verschärfen. Mit jedem Toten mehr, der durch die ökonomische Konfrontation „produziert" wird, sinkt die Hemmschwelle, steigt die Bereitschaft, mehr Tote in Kauf zu nehmen.

Das wird überhaupt der Inhalt, das Ergebnis, und das Gesicht des Krieges der Zukunft sein. Der Tod. Überall wird gestorben. An Drogen, Krankheiten, Medikamenten, Hinrichtungen und vor allem durch Hunger. Ermordet von den ökonomischen Imperialisten der Welt. Das ist das große Novum, das dem Krieg der Zukunft anhaftet.

Im ersten Weltkrieg starben Zivilisten durch Hunger und eine Handvoll auch durch Bomben. Per se wurde aber das Militär des Gegners angegriffen.

Im zweiten Weltkrieg wiederum war die Zivilbevölkerung zum legitimen Ziel neben den bewaffneten Soldaten gestellt worden. Doch schon zum Ende demonstrierten die USA eine weitere Verschiebung und Verrohung durch die Atombombeneinsätze auf japanische Städte.

Im dritten Weltkrieg, dem „Krieg der Zukunft" gelten dann die Angriffe immer der „feindlichen Zivilbevölkerung".

Das Mittel schlechthin um die Zivilbevölkerung zu schädigen ist der Wirtschaftskrieg. Diese Form ökonomischer Gewalt wird die Hauptwaffe sein, mit der der dritte Weltkrieg gefochten wird. Alle anderen Mittel sind ihr untergeordnet und finden nur dort Einsatz, wo sie die wirtschaftliche Kriegsführung unterstützen oder ermöglichen. Die anfallenden paar handvoll toter Soldaten werden nur indirekt als Folge der Angriffe auf die wirtschaftliche Basis der Zivilbevölkerung ihr Leben lassen. Aber sterben werden sie doch, wenn auch nicht so häufig wie die Wehrlosen der Welt.

Es ist an der Zeit den Blick auf diesen Teil der Ausführenden des Kriegs der Zukunft zu werfen: den Soldaten.

Der Soldat im Krieg der Zukunft

Die Rolle des Soldaten wird sich im Vergleich zu unseren tradierten Bildern stark wandeln. Er wird wieder wahrgenommen als der hochprofesionelle Spezialist des Krieges. Die Anforderungen an ihn im Krieg der Zukunft sind grundlegend verschieden von denen, die in den letzte Jahrhunderten galten. Es wird eher etwas vom Kampf der Condotierre in der beginnenden Renaissance haben, die, bestens ausgebildet, versuchten sich gegenseitig auszumanövrieren und das Schlagen und damit das Töten zu vermeiden. Infanterie, die im Sprung angreift um ein Maschinengewehrnest auszuheben wird es nicht mehr geben. Genauso wie die Kämpfer der Condottiere ist der Soldat der Zukunft so wertvoll geworden, dass die drohenden Verluste in keiner Relation zum möglichen Erfolg stehen. Ein ähnlicher Zustand etabliert sich heutzutage und wird in naher Zukunft noch viel stärker ausgeprägt sein.

Deshalb wird sich eine Kampfform etablieren die ungemein Materialintensiv ist, aber den Tod eines Soldaten auf dem Schlachtfeld fast ausschließt. Tatsächlich wird es mehr Selbstmörder als Gefallenen geben, mehr Soldaten die durch alkoholbedingte Verkehrsunfälle sterben als Kriegsopfer. Und diese Fälle werden mit juristischen Mittel unerbittlich verfolgt!

Der Soldat der Zukunft führt seine Waffe aus der Ferne. Die Konfrontation mit dem Feind findet nur noch durch ferngesteuerte oder komplett autonome Waffensysteme statt. Soldaten werden diese Systeme lenken, beaufsichtigen, ihre Einsätze auswerten, sie werden aber kaum durch sie sterben. Der Feind nutzt eine ähnliche Technik. Der Soldat führt seinen Kampf also von seinem Bedienterminal viele Hundert Kilometer entfernt von Kampfdrohne, Aufklärer, oder gepanzertem Mehrzweckkettenfahrzeug.

Entscheidender Unterschied zur Vergangenheit ist, dass das Ausmanövrieren durch technische und vor allem ökonomische Überlegenheit erreicht werden soll und wird. Dem Gegner so viel Material zerstören, dass es richtig teuer für ihn wird. Der Feind soll an einen Punkt gebracht werden wo ihm die Fähigkeit genommen wurde, seine materiellen Verluste weiterhin zu ersetzten.

Dadurch ist man selbst in der Lage, die Angriffe auf seine teure militärische Infrastruktur zu richten. Diesen Punkt zu erreichen ist taktisches Ziel. Dazu schießt man Tausende ferngesteuerte Waffensysteme des Feindes ab. Wenn er sie nicht mehr ersetzten kann, hat man erreicht, dass er zurückweicht. Ein Gefecht, eine Schlacht, vielleicht sogar der Krieg, ist gewonnen.

Eine Bedingung dieser Strategie ist, dass man bestens ausgebildete Spezialisten hat. Und zwar nicht nur für spezifische Teile, sondern in allen Bereichen der militärischen Struktur muss durch Fachpersonal andauernd Optimierung gewährleistet sein. Menschliche Verluste müssen auf Kosten des Materials vermieden werden, weil Waffen leicht ersetzt werden können, nicht aber die ausgebildeten Soldaten.

Im gesamten Kriegsalltages eines Soldaten der Zukunft wird deshalb das Risiko zu Schaden zu kommen unten gehalten. Soldaten werden bestens versorgt, bestens ausgebildet und besoldet, ihr Kampfeinsatz wird ein geringes persönliches Risiko beinhalten. Damit unterscheidet sich sein Alltag komplett von dem eines Zivilisten, der im Krieg immer weiter steigende Belastungen ertragen muss, und dessen Risiko dadurch persönlich zu Schaden zu kommen ebenfalls immer weiter steigt. Das ist ein Grund warum sich im Krieg der Zukunft ein großer Graben zwischen Zivilisten und Soldaten auftut.

Aber schon vorher, in der Friedenszeit, ist die Separierung der Soldaten von der Gesellschaft unbedingt notwendig. Denn die Rolle der Militärs hat sich einmal mehr gewandelt. War in unserer unmittelbaren Geschichte seit den Napoleonischen Kriegen das Volk, also die Gesellschaft, unmittelbar Kriegsführender und nicht mehr nur ein Teil, versucht seit einiger Zeit die die Gesellschaft beherrschende Oberschicht den Status von vor den Napoleonischen Kriegen wieder zu etablieren. Ihr Interesse am Zustand der vom Kampf und Krieg wieder distanzierten Gesellschaft entspringt der Konservierung des sozialen Status quo.

Der Volkskrieg, also die Mobilisierung der gesamten Gesellschaft zur Durchsetzung ihrer politischen Interessen ist nur in einer politischen Struktur dauerhaft möglich, in der alle gesellschaftlichen Teile irgendwie vertreten sind. Wenn die Masse der Bevölkerung für sich selber entscheiden kann, dass sie den Krieg für richtig hält, dann ist sie auch gewillt ihn zu führen. Verluste und Rückschläge werden dann willig ertragen. Das bedeutet aber auch, dass die Gesellschaft mehrheitlich beschließen kann, dass ihr die Opfer zu hoch werden, dass die persönlichen Kosten des Krieges nicht mehr in einer Relation zum politischen Ziel stehen. Oder dass sie den Krieg als solches ablehnt! Die Bevölkerung könnte also eine militärischen Konfrontation ablehnen, mithin anfangen der Führung die Gefolgschaft zu kündigen. Eine Gefahr die natürlich noch weit höher ist, wenn der Krieg gegen den Willen und die Interessen der Bevölkerung begonnen wurde.

Durch Propaganda, Terror, vielmehr aber durch eine Klassenschranken auflösende soziale Innenpolitik gelang es im zweiten

Weltkrieg die deutsche Bevölkerung bis zum Schluss bei der Stange zu halten. Sogar über die Niederlage hinaus blieb ein großer Teil der Gesellschaft innerlich dem System treu.

Ein Ansatz der heute absolut unmöglich geworden ist. Die kapitalistisch-marktwirtschaftlichen Gesellschaften unserer Zeit haben sich von der Idee der Auflösung sozialer Hürden wegbewegt. In Folge der aus der kapitalistischen Wirtschaftsweise immer entspringenden Ungleichverteilung existieren starke sozialen Spannungen. In einigen Gesellschaften haben diese wirtschaftlichen Ungleichgewichte zu so starken Spannungen geführt, dass sich im Alltag eine Form des permanenten kalten Bürgerkrieges entwickelt hat. Allen kapitalistischen Gesellschaften zu eigen ist der Zwang, die wirtschaftliche Ungleichheit durch staatliche Repression zu sichern. Diese ist umso präsenter, desto schwächer die Ausgleichsmöglichkeiten Anwendung finden. Ohne Gewalt ließe sich der Ist-Zustand nicht konservieren. Anders können die Satten ihren Besitzstand nicht mehr gegen die Hungrigen verteidigen.

Das bedeutet auch, dass diese Gesellschaften zunehmend undemokratischer funktionieren. Die Formen demokratischer Meinungsfindung werden zunehmend ausgehöhlt und manipuliert. Dazu eignet sich die parlamentarische Demokratie wie kaum ein zweites System. In einer funktionierende Demokratie wäre eine dauerhafte Konservierung der wirtschaftlichen Ungleichverhältnisse unmöglich.

Eine Oberschicht, die ihre Bevölkerung von der Demokratie fernhalten will, kann aber natürlich auch keinen außenpolitischen Kampf mit den Mitteln des demokratisch legitimierten Volkskrieges führen. Vielmehr haben sie das gleiche Problem wie die blaublütigen Herrscher vergangener Epochen. Das aktuelle Regime muss die Bevölkerung von der Waffe fernhalten. Alles andere gefährdet den wirtschaftlichen und sozialen Ist-Zustand. Das ist ein ganz entscheidender Schwächemoment in einer kriegerischen Auseinandersetzung.

Um ihm zu begegnen nutzt die aktuell sozial dominierende Schicht – genau wie damals die Königshäuser – das Mittel des stehenden Heeres. Die Wehrpflicht als verbindendes Band zwischen Gesellschaft und Militär wurde zerschnitten. Stattdessen wird die militärische Macht in eine ihrem Soldgeber hörige, von der Bevölkerung unabhängige militärische Kraft transformiert. Dass der Soldgeber hier der Staat ist liegt nahe, sind doch alle Repressionsmittel ebenfalls staatlicherseits organisiert. Der Staat als ausführendes Organ der Interessen der Herrschenden ist ein Zustand der sich bereits etabliert hat.

Hier fließen jetzt mehrere Entwicklungen zusammen. Der Krieg der Zukunft wird um die Interessen eines kleinen Teils der Gesellschaft geschlagen. Die gesamte Gesellschaft wird deshalb kein sicherer Verfechter dieser Interessen sein. Der Krieg der Zukunft soll einem Teil der Bevölkerung große substantielle wirtschaftliche Vorteile bringen, ohne den sozialen Ist-Zustand zu verändern. Er bringt ebenfalls große wirtschaftliche Opfer für die Masse der Arbeitenden mit sich, und auch das soll nicht zu einer Änderung der Strukturen führen. Darüber hinaus ist die militärische Konfrontation der Imperien technisch so fordernd, dass sie von Spezialisten gefochten werden muss. All das führt zu kleinen Berufsheeren von bestens ausgebildeten Söldnern.

Zwei Gruppen werden hauptsächlich Personal stellen. Zum einen wird die Unterschicht und die bisher prekär Lebenden begeistert ins wachsende Militär streben. Es bietet ihnen das was sie immer wollten und nie hatten: Sicherheit und sozialen Status. Sie werden die Malocher in Uniform. Weitaus wichtiger jedoch werden die bestens ausgebildeten Fachleute aus der aufstiegsorientierten Mittelschicht. Sie bringen die Bildung und das notwendige technische Grundwissen mit, um im Militär zu hochspezialisierten Fachleuten zu werden. Damit diese Menschen kommen und bleiben wird diese Arbeit massiv aufgewertet werden. Eine üppige Bezahlung der Offiziere und eine intensive personelle Vernetzung zur Privat- und Rüstungswirtschaft werden die Folge sein. Die Vernetzung wird es dann den Offizieren ermöglichen, nach Ende ihrer Dienstzeit in hoch dotierte Posten zu wechseln. Dadurch wird für die nachwachsenden Jahrgänge der Waffendienst als entscheidender Türöffner der Karriere wahrgenommen.

Ort der Ausbildung sind die Ausbildungseinrichtungen im Heimatgebiet. Sie werden auch die Schnittstellen sein, in denen die Berührungspunkte zur Wirtschaft gegeben sind. Dort suchen Personaler und Managementvertreter unter den Offizieren potenzielle Kandidaten zur Rekrutierung für ihre Konzerne. Staatlich bezahltes Know-how lockt.

Die übrigen Soldaten lebten sozial separiert von der Restgesellschaft. Diese Söldner müssen von der Bevölkerung weitestgehend abgeschottet werden, nur dann sind sie so viel besser zu versorgen, dass die Oberschicht ihrer sicher sein kann. Ihre Separierung braucht nur in Ausnahmefällen räumlicher Natur zu sein. Natürlich wird es an den großen Stützpunkten Wohngebiete geben, in denen quasi nur Soldatenfamilien leben werden. Aber besonders gefördert werden muss diese Entwicklung nicht. Denn vielmehr ergibt sich die soziale Abtrennung durch die höchst unterschiedlichen Lebensbedingungen von Militärangehörigen und ihren Familien im Gegensatz zur Zivilbevölkerung. Es fängt beim größeren und sicheren Konsumrahmen an, geht über eine optimale Gesundheitsversorgung bis hin zum Habitus eines Systemgläubigen gegenüber der Masse.

Zudem, bei wem kann der Soldat, sein Partner und eventuelle Kinder denn Verständnis und Wissen über ihre spezifischen Probleme und Lebensumstände erwarten? Doch nur bei Menschen die genauso oder ähnlich leben. Dieser Umstand, zusammen mit einem unverholenen Neidfaktor der sozial schlechter gestellten Masse der Bevölkerung werden die großen bestimmenden Kräfte des Soldatenalltages sein. Aus der wachsenden sozialen Distanz werden schwache Charaktere schnell Standesdünkel machen und damit genau das zementieren was erreicht werden sollte. Klar ist also: der Soldat der Zukunft ist wertvoll, schlecht zu ersetzten. Seine soziale Besserstellung und Rundumversorgung erfordern genauso seine soziale Isolation wie die politische Räson der Herrschenden. Er kämpft nicht in demokratisch legitimierten Kriegen. Aber wie kämpft er eigentlich, wie sieht sein Alltag im Krieg aus, wovon wird er bestimmt?

Der Krieg der Zukunft und damit der Kampf dieser Soldaten spielt sich in drei logisch voneinander getrennten Gebieten ab.

Das Heimatgebiet

Das Heimatgebiet ist die Kraftquelle des Militärs. Es kann mit den politischen Grenzen eines Nationalstaates, den eines Staatenverbundes wie der EU, oder eines eher informell festgelegten Gebietes sein. Das wäre zum Beispiel Russland mit der sie umgebenden GUS, die die Russen als ihren politischen Vorgarten begriffen haben wollen.

Im Zeitalter der Massenvernichtungswaffen, vor allem der

atomaren Abschreckung, ist das Heimatgebiet der großen politischen Mächte für die konventionelle Kriegsführung tabu. Die Gefahr einer atomaren Vergeltung und damit der Zerstörung der Zivilisation ist ein zu hoher Preis, um sich einmal kurz als Knöpfchendrücker zu profilieren. Das bedeutet konkret, um beim Beispiel Russlands zu bleiben, dass auch der Einsatz von Atomwaffen gegen Weißrussland von den Russen als Angriff auf sie selbst wahrgenommen, und zum Einsatz ihrer Nuklearwaffen führen würde. Nur schwache, weitestgehend wehrlose Gesellschaften werden erleben müssen, dass ihre Heimat direkt angegriffen und verheert wird. Das Heimatgebiet der großen Zentren ist also militärisch durch die atomare Vernichtungsdrohung sicher.

Der Aufmarsch- und Entfaltungsraum

Der Aufmarsch- und Entfaltungsraum ist das Gebiet, in dem die militärische Stärke aufgebaut wird um sie dann einsetzen zu können. Dieses Raum kann an der Grenze des Heimatgebietes liegen, wird aber in einem Kampf der Imperien wohl eher weit entfernt vom Zentrum sein. Es kann also auch das Gebiet eines Staates am anderen Ende der Welt sein, ein erobertes Gebiet, das vorher Ort von Kampfhandlungen war, oder ein Verbündeter. Am wahrscheinlichsten werden es die abhängigen Staaten der imperialen Peripherie sein. Dort wird der Soldat der Zukunft rundum versorgt in abgeschirmten Container- und Zeltstädten seinem Tagewerk der Vernichtung nachgehen und seine Freizeit genießen. Über social Media mit seinem kleinen Teil der Heimat verbunden bekommt er abseits des Dienstes nicht nur die Komplettversorgung sondern auch die Komplettablenkung mit Entertainment und „Rest and Recreation". Menschlich und ethisch wird das dann nur noch so armselig sein, wie dieser Menschenschlag halt so ist.

Von den Heimatgebieten bringen die Adern des Nachschubs die ungeheuren Mengen an Material heran die der Krieg der Zukunft verbraucht. Dazu wird eine gigantische militärische Infrastruktur über den Aufmarsch- und Entfaltungsraum gelegt, die in Umfang und Kosten denen des Kampfeinsatzes nicht viel nachsteht.

Die Zivilbevölkerung dieser Räume ist ökonomisch und politisch in das jeweilige Imperium eingebunden und wird weder gefragt noch entschädigt. Den Einheimischen entstehen gigantische Belastungen und Risiken für ihr Leben durch die Etablierung einer so großen aufgesetzten militärischen Struktur. Einen kleinen Ausgleich finden sie in der Vielzahl der Arbeitsmöglichkeiten, die das fremde Militär bieten wird. Denn um den Krieg so günstig wie möglich zu führen, werden alle einfachen Arbeiten an die Einheimischen ausgelagert. Solange das Gebiet Aufmarsch- und Entfaltungsraum bleibt, ist die Zivilbevölkerung vor der konventionellen Macht des Gegners sicher. Zwar genießt das Gelände nicht den gleichen politischen Status wie das Heimatgebiet, trotzdem gleicht es einer Dependance.

Damit ist auch hier der Einsatz einer Atomwaffe erst einmal unwahrscheinlich. Ob das aber in einem langen Ringen dauerhaft so bleibt, sollte bezweifelt werden. Es muss für einen imperialen Militärführer eine unglaublich verlockende Überlegung sein, die wertvolle militärische Infrastruktur des Gegners mit einer Bombe zu vernichten! Allerdings immer mit dem Risiko des Rückschlags. Wenn der Krieg der Zukunft zu einem allgemeinen Atomkrieg eskaliert, dann durch solch eine Fehlentscheidung. Insgesamt wirkt es aber aus heutiger Sicht unglaubwürdig, dass ein Aufmarsch- und Entfaltungsraum zur ersten Bühne einer gegenseitigen atomaren Vernichtung wird. Es ist weitaus eher so, dass aus ihm nur konventionelle Macht exklusive Massenvernichtungswaffen eingesetzt werden. Denn das ist seine eigentliche Aufgabe.

Von den Aufmarsch- und Entfaltungsräumen aus wird die militärische Kraft der Kontrahenten in direkten Konfrontationen oder Stellvertreterkriegen ausgehen. Treffen werden sie sich im Kampfgebiet. Das wollen wir uns als nächstes ansehen.

Das Kampfgebiet

Sind die Zonen in denen scharf geschossen wird. Die Kampfgebiete können fast alles sein. Sie können zur Peripherie, zu abhängigen, wirtschaftlich interessanten oder auch völlig unabhängigen Staaten gehören. Kampfgebiete können Teil eines Verbündeten oder eines Verfeindeten sein, niemals aber sind sie Teil des vitalen Heimatgebietes eines Imperiums. Daraus folgt, dass, wenn das Kampfgebiet bewohnt ist, die dortige Zivilbevölkerung nicht zu den Kriegsführenden gehört! Sie steht zwischen zwei Mächten und gehört doch zu niemandem dazu. Logische Konsequenz: Kein Imperium muss in seiner Kriegsführung besonders viel Rücksicht auf die Belange der betroffenen Zivilbevölkerung nehmen. Propagandistisch ja, politisch und taktisch nein.

Dass das für die Zivilbevölkerung einschneidende Folgen hat, liegt daran, dass in ihrer Heimat, dem neuen Kampfgebiet, scharf mit konventionellen Kriegsmitteln gefochten wird. Diese Kampfgebiete liegen in der Nachbarschaft zu den Aufmarsch- und Entfaltungsräumen. Sie sind entweder wenige Kilometer breite Streifen in Grenznähe wie zwischen Nord- und Südkorea oder umfassen ganze Staaten.

Das Kampfgebiet kann auch die politischen Grenzen mehrerer Länder überschneiden. Man denke an die Kämpfe der Kurden. Das militärische Ziel aller Kampfhandlungen ist es, den Gegner zu bezwingen. Dazu kann es nötig sein, die Kontrolle über das Kampfgebiet zu erkämpfen und es zu besetzten. Das ist der einzige Fall, in dem ein Soldat das Kampfgebiet in persona betritt. Und zwar nur für sehr kurze Zeit. Denn ein Gebiet wird vom Feind nur noch durch Waffenwirkung befreit. Die infanteristische Besetzung findet erst dann statt, wenn der Gegner der Feuerwirkung komplett erlegen ist. Dieser Vorgang ist eine entscheidende Neuheit im Krieg der Zukunft. Ein Soldat der Zukunft wird sich nur in extremen Ausnahmefällen, etwa in einer Kommandomission im Kampfgebiet aufhalten. Per se bedeutet die infanteristische Durchdringung und Besetzung eines Teils des bisherigen Kampfgebietes, dass es zum Aufmarsch- und Entfaltungsraum des Besetzenden wird.

Mit der planmäßigen Inbesitznahme verschiebt sich der Aufmarsch- und Entfaltungsraum nach vorne und dem Gegner wird ein anderes Kampfgebiet aufgezwungen. Zum Beispiel auf dem Gelände seines bisherigen Aufmarsch und Entfaltungsraumes. Der schrumpft damit weiter zusammen. In letzter Instanz wird das ganze fragwürdige Gebiet besetzt und der Feind auf sein Heimatgebiet zurückgeworfen. Damit wird in den meisten Fällen die militärische Entscheidung gefallen sein, aber nicht in der Auseinandersetzung der Imperien im Krieg der Zukunft.

Hier müsste eine Seite alle potentiellen Aufmarsch- und Entfaltungsräume besetzten und könnte doch nie den letzten Stoß führen weil in diesem Fall die atomare Falle zuschnappen würde. Deshalb ist es in einem Kampf der Imperien viel wahrscheinlicher, dass die Kampfgebiete eher statisch sind und es keiner Seite darum geht, sie wirklich zu besetzten. Die militärische Logik, den Gegner mit konventionellen Waffen zu besiegen, wird überdeckt durch die politische Zielsetzung ihn ökonomisch zu schwächen.

Jede Seite wird versuchen die Kampfführung so zu gestalten, dass der Gegner zu maximalen militärischen und ökonomischen Anstrengungen angehalten ist um ihn zu zwingen seine wirtschaftliche Basis überzustrapazieren. Der militärische Erfolg stellt sich dann erst ein, wenn dem Gegner ökonomisch die Puste ausgeht und ihm die Mittel fehlen seine Verluste auszugleichen. Die beginnende ökonomische Überlastung, wenn das Improvisieren zum Auszehren geworden ist, kostet ihn den sozialen Frieden im Inneren. Und da alle Imperien mit großen inneren sozialen Ungleichgewichten existieren wollen, muss die Regierung der Unterlegenen anfangen politische Auswege aus der Konfrontation zu suchen. Erklärtes militärisches Ziel ist es also, den Gegner ökonomisch an die Wand zu drücken, ihn dazu zu zwingen seine Bevölkerung zu überfordern um ihn damit in eine soziale und innenpolitische Sackgasse zu bringen aus der er nur als Besiegter wieder heraus kann.

Das Kampfgeschehen an sich

Wie aber wird der konventionelle Kampf an sich aussehen? Um das zu verdeutlichen will ich das Beispiel einer Staffel Kampfdrohnen bemühen. Zu allererst einige Wort zur Technik an sich. Die Entwicklung von Kampfdrohnen schreitet dynamisch voran. Weil aber Menschen sehr häufig ähnliche Entscheidungsfehler machen lassen sich schon heute ungefähr die Entwicklungsschritte der nächsten Jahre skizzieren. Mittelfristig wird jedes imperiale Militär über zwei Grundtypen von Drohnen verfügen.

Es wird kleine leichte Aufklärungsdrohnen geben die in heute schwer vorstellbaren Rahmen Einsatz finden werden. Denn Information sind im Krieg der Zukunft die 70% von denen Napoleon als Grundvorrausetzung des Erfolgs sprach. Nur wo er die restlichen 30% dann dem Schicksal überließ, müssen im Kampfgeschehen der Zukunft dieses gute Drittel des Krieges von Kampfdrohnen gesichert werden. Ohne geht es nicht. Auch wenn sie nur den kleineren Teil der Drohnenwaffe darstellen sind sie doch die technische Instanz, die dem Gegner Schaden zufügt. Es ist fast sicher, dass in der noch anhaltenden Vorkriegszeit betriebswirtschaftliche Überlegungen dazu führen werden, dass alle Imperien auf einen Einheitstyp der Kampfdrohne setzten werden, der dann mit verschiedenen Rüstsätzen dem Kampfgeschehen angepasst werden soll. Das wird der technische Stand der Dinge sein mit dem die Drohnenwaffe global in den Krieg der Zukunft geht. Und genauso wie das Einheitsgeschoss der Deutschen im Ersten Weltkrieg und der einsatzfremden Auslegung der Panzerfahrzeuge der Amerikaner im zweiten Weltkrieg wird die unerbittliche Realität des Kampfes schnell eine umfassende und aufwendige Spezialisierung verlangen.

Im Krieg der Zukunft werden wir also erleben wie die Drohnenwaffe einsatzspezifisch ausdifferenziert wird. Es wird Kampfdrohnen für Höheneinsätze geben, die in der Stratosphäre eingesetzt werden, Jagddrohnen, reine Bomberdrohnen und Drohnen, die als Transportmittel spezieller Marschflugkörper geeignet sind. Zur Zeit stellt der Mensch den entscheidenden Faktor der Limitierung der Möglichkeiten eines Jagdflugzeuges dar. Die Grenzen sind hier ausgereizt: Es geht nicht höher, nicht schneller, die auf den Körper wirkenden Kräfte sind jetzt an der Grenze des möglichen angekommen. Mit dem Wegfall des Piloten wird dieser große, begrenzende Faktor ausgeschaltet. Nun können die technischen Möglichkeiten, soweit es die ökonomische Basis zulässt, ausgeschöpft werden. Ob es den Krämerseelen in den politischen und ökonomischen Managementetagen gefällt oder auch nicht, eins ist sicher: Der Krieg der Zukunft wird weder billig noch günstig zu führen sein! Nur einsatzoptimierte Waffen werden es erlauben offensiv zu werden und zu bleiben!

Wie das aussieht wird deutlich, wenn man jetzt zurück zum konkreten Beispiel der Drohnenstaffel im Einsatz geht.

Vom Oberkommando kommt der Einsatzbefehl. Das ganze läuft automatisiert über die Bildschirme des Staffelkommandos ab. Der Gegner ist in das Kampfgebiet mit Kampfdrohnen eingedrungen, die den Bodenvorstoß einer Brigade ferngesteuerter Gefechtsfahrzeuge decken sollen. Da der Gegner keine Infanterie bereithält um das Gebiet militärisch zu besetzen, handelt es sich mal wieder um eine Art bewaffnete Aufklärung im großen Stil. Er will halt sehen, was der andere kann.

Eigenes Einsatzziel ist es, möglichst viele Kampfmittel des Gegners zu vernichten und ein weiteres vordringen seiner Waffensysteme im Kampfgebiet zu stoppen. Die Staffel startet sofort ihre Kampfdrohnen. Es handelt sich um Flugkörper, deren militärisches Potential ungefähr unseren heutigen Jagdbombern Typ Eurofighter entspricht. Was an Gewichts- und technischer Ersparnis durch den Wegfall des Piloten möglich war, wird kompensiert durch eine Vielzahl von Sensoren und Steuerungstechnik. 36 Kampfdrohnen der ersten Welle bewegen sich dann zügig auf den Bereich zu, in dem sie in Feuerreichweite des Gegners kommen und selbst das Feuer auf den Feind eröffnen können. Zu diesem Zeitpunkt können die Gegner hunderte Kilometer voneinander entfernt sein. Man schießt ferngesteuert seine Flugkörper auf den von Sensoren erkannten Feind ab und verlässt den Feuerbereich. Schließlich ist klar, dass der Gegners die eigenen Kräfte ebenso schnell aufklärt.

Sobald die Drohnen in den Bereich der feindlichen Waffenwirkung gekommen sind, der Gegner aber auch in dem eigenen Feuerbereich steht, setzten die Piloten also ihre Raketen und Marschflugkörper ein. Der Abstand der Waffenträgersysteme „Kampfdrohne" kann da noch beträchtlich sein. Ein direkter Sichtkontakt wird die absolute Ausnahme im Kampf der Drohnen sein. In dem sich jetzt entwickelnden Gefecht wird jede Seite diverse Abschüsse erzielen. Jede zerstörte Drohne aber wird sofort ersetzt. Als taktische Reserve fliegen von einem programmierten Autopilot gesteuerte Ersatzdrohnen zeitversetzt in einer zweiten Welle. Sie warten in einen Verfügungsluftraum, von dem aus sie schnell in das Gefecht geworfen werden können. Verliert ein Pilot seine Kampfdrohne durch Abschuss, schaltet er sein Bedienterminal einfach auf eines der Reservesysteme auf und fliegt erneut ins Gefecht. Ist seine Kampfdrohne leergeschossen, kann er ebenfalls auf eine volle Drohne aufschalten, während seine erste per Autopilot zur Basis zurückkehrt. Das Gefecht kann so in Sekunden entschieden sein, aber auch Stunden über Stunden dauern und die Piloten bis zur totalen Erschöpfung treiben, je nachdem wie viel Material und Technik beide Seiten ein zusetzen bereit sind. Trotz der starken Automatisierung auch der Gefechtsvorgänge, wird das entscheidende Kontrollelement der Waffensysteme der Mensch sein. Wie lange er einen solchen Kampf mit voller Konzentration wohl führen kann? Zwei Stunden, drei Stunden, zwölf Stunden? Wenn in einem großen Gefecht dann das Waffensystem Mensch, „leergeschossen" ist und quasi „aufgetankt" und „gewartet" werden muss, schaltet sich die zweite Schicht der Piloten aus ihren Terminals auf die Kampfdrohnen hoch, während der erschöpfte Mann, oder die erschöpfte Frau Feierabend macht und versucht im Luxus zu relaxen.

Hier wird deutlich welch gigantischer materieller Aufwand notwendig wird, um eine solche Struktur aufzubauen und am Laufen zu halten. Sieg oder Niederlage hängen stark vom technischen Können, optimaler Organisation der Verbände und vor allem an der ökonomischen Fähigkeit, immer wieder die anfallenden Verluste zu ersetzen, ab. Wer im Nachschub nicht mithalten kann, dem droht die Zerstörung seiner militärischen Infrastruktur. Wer aber große materielle Reserven hat, kann über die Masse sogar technische Vorteile des Feindes in ihrer Wirkung kompensieren.

Der Munitionsverbrauch wird gigantisch sein. Zu Munition zählt dann aber auch das gesamte Flugzeug Kampfdrohne. Die Kämpfe auf dem Boden, oder auf dem Wasser laufen nicht anders ab. Das Schemata heißt: Ersatz von Menschen durch Technik in der Feuerlinie. Es findet natürlich überall Anwendung.

Die Fähigkeit zur Materialversorgung entscheidet deshalb den Krieg. Um den Umfang der benötigten Rüstungsanstrengungen wenigstens ein klein wenig greifbar zu machen, verlassen wir jetzt das Gefecht und schauen uns die Staffel Kampfdrohnen en Detail an. Was ist alles notwendig um eine Staffel dieser Kampfdrohnen in den Einsatz zu bringen? Bei 36 Flugkörpern muss es mindestens 36 Bedienterminals geben, eher mehr, um Reserven für besondere Situationen zu haben und Wartungsintervalle sowie auftretenden Reparaturbedarf puffern zu können. Diese Anzahl Terminals muss man ja irgendwie unterbringen. Das wird in normierten Containern geschehen, die sowieso die ganze militärische Infrastruktur dominieren. Denn in dieser Form ist diese Struktur flexibel und mobil.

Darüber hinaus kann man zivile Transportkapazitäten nutzen, und das wird ganz bestimmt notwendig sein. Denn 36+X Bedienterminals sind schon eine ganze Reihe Container. Da kommt aber noch eine einiges hinzu. Die Terminals sind nur ein kleiner Teil des Gesamtumfangs der Staffel. Dazu gehören schließlich auch Unterbringungsmöglichkeiten für alle Soldaten, inklusive Sanitäranlagen, Speiseräume und Diensträume. Die Fluggeräte müssen gewartet und repariert werden, der gesamte dazu benötigte technische Apparat mit Werkzeugen und Ersatzteilen muss da sein. Die Staffel verbraucht Unmengen von Treibstoff, Munition, Strom und Material, also braucht sie eine eigenen Versorgungsstaffel, die die Versorgung organisiert, durchführt und sichert.

Apropos sichern. Die Staffel wird natürlich gegen Attacken aller Art gesichert werden müssen. Eigene Flugabwehrkapazitäten und Verteidigungspotential gegen Erdangriffe sind unabdingbar. Gemessen am hohen finanziellen und militärischen Wert der Staffel darf der Aufwand zur Sicherung ruhig etwas größer sein.

Wo so viele Menschen wichtige Aufgaben zu erledigen haben muss natürlich auch koordiniert werden. Die Kommandoebene wird ebenfalls trotz aller Technik einigen Umfang haben und die muss umfassend über alles informiert werden, womit wir bei eigenen Aufklärungskapazitäten angekommen sind.

Das alle gut essen und bestens ärztlich versorgt werden ist auch keine Kleinigkeit. Man stelle sich vor solch ein wertvoller militärischer Verband wird durch eine Magen-Darm-Grippe in seiner Einsatzfähigkeit eingeschränkt. Ein zu teurer Fehler, für den jemand empfindlich bestraft werden würde!

Summa summarum wird der Einsatz einer solche Staffel Kampfdrohnen den Aufbau einer kleinen Containerstadt bedingen. Ein Camp aus hunderten gestapelter Blechkisten und Zelten, das durch Stacheldraht und Betonmauern begrenzt, und von Hunderten Infanteristen und Fla-Waffen gesichert wird.

Und wir reden hier nur über *eine* Staffel! Der Krieg der Zukunft verlangt nach Staffel*n*, nach Division*en* von ferngesteuerten Kettenfahrzeugen und tausenden von Aufklärungsdrohnen, die überall immer gucken das keiner guckt das jemand guckt!

Welch gigantische finanzielle Summen aufgebracht werden müssen um dort hinzukommen sind noch nicht absehbar. Sicher ist nur, kleine und schwach entwickelte Ökonomien werden nicht die wirtschaftliche Potenz haben, sich dieses Maß an Rüstung und militärischer Entwicklung zu leisten. Sie werden, verglichen mit den Imperien USA, EU, China und eventuell Russland, Indien und Brasilien, fast wehrlos sein. Denn wir sprechen bisher nur vom konventionellen Kampf zwischen Imperien. Einer der kleinen Freien oder Unabhängigen, gar ein Land der Peripherie hat überhaupt keine Aussicht mit Erfolg einer solchen militärmaschinerie Widerstand zu leisten. In einem Kampf gegen ein Imperium würden dort nicht andere Drohnen zerplatzen, sondern die gesamte Infrastruktur des Landes, keine ferngesteuerten Fahrzeuge würden ausbrennen, sondern jedes Fahrzeug!

Die technische und militärische Überlegenheit der Imperien wird solcher Art sein, dass ein Krieg gegen ein Nichtimperium unmöglich geworden ist. Nur vernichtende Befriedungsfeldzüge, Polizeiaktionen und Interventionen finden gegen so schwache Gegner Anwendung. Eine Erkenntnis, die wunderbar überleitet zum nächsten Kapitel. Denn wie stellt sich der Kampf abseits der imperialen Fronten dar?

Der Krieg hinter der Front

Der Krieg der Imperien in unserer unmittelbaren Zukunft wird also ein langer Krieg werden. Er wird über Jahrzehnte mal mehr, mal weniger stark vor sich hinköcheln. Wo tatsächlich einmal scharf geschossen wird, werden die Verheerungen unvorstellbare Ausmaße annehmen. Die Kampfgebiete als Zonen in denen „Feuer frei" gilt werden von jeder Spur einer lebenden Gesellschaft leergebombt. Kein Haus, keine Straße, keine Brücke wird heile bleiben, es wird auch kein Fahrzeug mehr fahren können und noch viel weniger wird etwas auf den Feldern wachsen oder in einer Arbeitsstätte produziert werden können. Jede menschliche Regung lockt sofort die satelliten- und sensoralamierten Kampfdrohnen als Todes- und Zerstörungsbringer an. Kein Mensch wird dort also noch existieren können. Die Zivilbevölkerung muss diese Zonen so schnell als möglich verlassen. Der Krieg der Zukunft bedeutet also auch große Flüchtlingsströme. Wenn das Kampfgebiet einen ganzen Staat umfasst wird die Flüchtlingsproblematik besonders tragische Züge annehmen.

Können sich die Kriegsführenden darauf einigen der eingeborenen Bevölkerung in ihrem eigenen Land sichere Rückzugszonen zu überlassen? Also eine Art Friedensreservate, umgeben vom Krieg. Und können sie so handeln, ohne diese Reservate als Mittel zum Zweck der Kriegsführung zu missbrauchen? Wenn nicht, wer kann, muss oder will diese Flüchtlinge aufnehmen? In einem Krieg, in dem es darum geht dem Feind ökonomisch zu schwächen wäre es ein großer Vorteil wenn er die Versorgung von Millionen von unproduktiven Entwurzelten übernehmen muss. Ist es also überhaupt im Sinne der kriegsführenden Parteien, dass die Bevölkerung ausweicht, oder versprechen sie sich mehr eigene Vorteile, wenn die Menschen im Kriegsgebiet ausharren müssen? Die Entscheidung über das Überleben dieser Individuen wird also fremdbestimmt von den kriegsführenden Kontrahenten.

Ganz genau so, wie die Entscheidung die Heimat dieser Individuen zum Schauplatz der Kampfhandlungen zu machen. Diese Menschen sind Opfer der imperialen Politik und werden es kaum schaffen, diesem Status zu entrinnen. In bestimmter Weise gilt das in weitaus größeren Maßstab für die Aufmarsch- und Entfaltungsräume. Diese Zonen befinden sich fest in der militärischen Verfügungsgewalt einer Seite. Es liegt nahe, soviel der benötigten Versorgungsgüter des eingesetzten Militärapparates unmittelbar vor Ort zu entnehmen, wie irgend möglich. Die Wirtschaftskraft des besetzten Aufmarschraumes wird also der eigenen Kriegsführung dienstbar gemacht. Das geht natürlich auf Kosten der dort lebenden Bevölkerung. Ein ähnlicher, wenn auch nicht ganz so ausgeprägter Vorgang wird sich in allen abhängigen Gesellschaften der imperialen Peripherie abspielen.

Besonders konsequent wird die Ausbeutung der lokalen Wirtschaftskraft dort betrieben, wo die militärische Kontrolle des Imperiums gegeben ist. Das muss und wird geschehen. Schließlich geht es in diesem Krieg um die Frage, wer den ökonomisch längeren Atem hat. Um die Reserven des Heimatgebietes zu schonen und vielleicht sogar anwachsen zu lassen, wird ein möglichst großer Teil der wirtschaftliche Folgekosten des Krieges in die Peripherie und zu den Abhängigen verlagert. Selbst Verbündete werden je nach dem Grad ihrer Bedeutung der Kriegsführung zur Kostendeckung herangezogen. Dabei gilt: Je wichtiger oder stärker eine Gesellschaft ist, desto schwächer wird sie belastet. Umgekehrt gilt, dass Schwache, Abhängige und Wehrlose umso mehr geschröpft werden.

Die Intensität dieser wirtschaftliche Ausbeutung, die ja schließlich schon im Frieden besteht, wird sich massiv steigern wenn der Kriegsverlauf für das führende Imperium negativ ist. Je prekärer die militärische oder ökonomische Situation eines der Kontrahenten ist, umso stärker presst er seine Quellen aus. Wenn es sich zum ökonomisch oder politischen Raubbau gesteigert hat, ist das der Indikator, dass der Krieg endlich in seine entscheidende Phase getreten ist. Wer seine Quellen so ausbeutet, dass sie bald versiegen, schwächt selbst seine zukünftige Position, dafür muss er einen Grund haben. Entweder plant er eine große entscheidende Offensive, die es in diesem Krieg nicht mehr geben kann, oder, viel wahrscheinlicher, er fällt zurück, sieht seine Niederlage drohen. Für die Bevölkerung, die das Pech hatte in einem militärischen Aufmarsch- und Entfaltungsraum zu leben, wird das nur ein schwacher Trost sein. Sie werden, genau so wie die Bevölkerung besonders intensiv ausgenutzter Gebiete flüchten wollen, und werden es nicht können. Eine Novum des Krieges der Zukunft ist, dass die Kriegsführenden eine großen Teil ihrer Aufmerksamkeit darauf richten werden, hinter der Front den Status quo zu stabilisieren.

Jede Wanderungsbewegung, jede Massenflucht, jede Flucht überhaupt bedeut Kosten und die Belastung des eigenen ökonomischen Potentials. Daraus folgt, dass sie unter allen Umständen verhindert werden müssen. Im jeweiligen Generalsstab wird es eine eigene Abteilung „Zivilmanagment" für die besetzten und militärisch wichtigen Gebiete geben. Aufgabe dieser Abteilung wird es nicht sein, die Entwicklungen zu steuern, sondern sie schlicht zu verhindern. Dazu werden alle Mittel recht sein.

Das kann bedeuten dass politische oder soziale Belastungen minimiert werden. Ethnische Spannungen, Unterdrückung von religiösen Minderheiten oder ideologische Spannungen, Korruption und staatliches Missmangement stellen in der Kriegslage eine Verschwendung dar. Sie belasten dadurch unnötig die Bevölkerung und setzen damit ihre wirtschaftliche Leidensfähigkeit herunter.

Um das zu verhindern wird das kriegsführende Imperium in Form des Zivilmanagements direkt in die Herrschaftsstruktur der jeweiligen Gesellschaften eingreifen um solche Verschwendungen zu verhindern. Das wird dazu beitragen viele interne soziale Probleme zu entschärfen und sogar zu lösen. Damit entlastet man die arbeitende Bevölkerung. Ein nicht zu leugnender sozialer Fortschritt kann die Folge in den betroffenen Länder sein. Aber das ist nur die eine Seite der Medaille. Die Vorteile und Fortschritte sind nur Nebenprodukt der imperialen Forderung, jede Dynamik rigoros zu stoppen, die die ökonomische Leistungsfähigkeit verringern könnte. Deshalb kann im Interesse des wirtschaftlichen Sektors auch ganz anderes gehandelt werden. Flüchtlingsbewegungen müssen aufgehalten werden. Wo ihr Auslöser wirtschaftliche Ausbeutungsbedingungen sind, die nicht geändert werden dürfen, wird eben das Verlassen der Heimat mit Gewalt unterbunden. Wir werden erleben, dass Minenfelder, Stacheldrahtverhaue, stromgeladene Zäune und Checkpoints im Hinterland der Front installiert werden. Sie richten sich nicht gegen den feindlichen Soldaten, sondern gegen die fluchtbereite Zivilbevölkerung. Und mit der Verschärfung der wirtschaftlichen Lage im Verlauf des Jahrzehnte dauernden Krieges werden diese menschenhemmenden Feldhindernisse immer weiter in Richtung der Heimatgebietes wachsen.

In letzter Instanz dann, wenn das Ende nahe ist wird auch das Heimatgebiet durch solche Maßnahmen sozial „stabilisiert". Die produktive Bevölkerung ist Basis der Kriegsführung, und

Ziel aller Angriffe. Aus der Sicht der Kriegsführenden darf sie nicht aus der Reihe tanzen, unter gar keinen Umständen. Und die dazu ergriffenen Maßnahmen werden in der Summe für die Völker nicht positiv zu Buche schlagen. Denn in letzter Instanz, wenn Zuckerbrot zum verteilen nicht mehr das ist, kommt nur noch die Peitsche zum Einsatz. Der Alltag im Hinterland des Krieges liegender Gesellschaften, vom Heimatgebiet bis hin zum kleinsten Verbündeten, wird im Laufe der Zeit, und noch schneller im Laufe eines kräftezehrenden Kampfes, den Terror der Herrschenden erleben.

Der Terror ist eine Form politischen Kredites zu Wucherkonditionen für Habenichste. Wer trotz leerer Taschen, Mägen und Köpfe nicht nachgeben will greift, zum Terror. Vielleicht ist er auch eine Form verfügbarer Droge für gescheiterte Macht. Sie braucht immer mehr davon, bis sie endlich hops geht. Er ist halt die billigste und einfachste Methode kurzfristig eine Lage zu stabilisieren. Seine Sollzinsen haben aber bisher jeden zugrunde gerichtet. Leider ist das für Menschen kein Grund ihn nicht wieder ein zu setzten. Wie gesagt, die leeren Köpfe der Gescheiterten werden immer schwach. Terror wird also auch den nächsten Krieg begleiten.

Ein weiterer wichtiger Punkt ist, das Leben hinter der Front wird bestimmt von Gefahr. Der Offensivkraft jedes Kriegsführenden liegt ein gigantischer technischer und logistischer Aufwand zugrunde. Es ist natürlich verlockend ihn anzugreifen. Hier gibt es noch einen Bereich, in dem noch echte infanteristische Manpower zählt. Im Kampf hinter der Front. Mittel dazu sind Hit-and-run Angriffe des Kleinkrieges hinter der Front. Die Möglichkeit, die oben beschriebene Staffel von Kampfdrohnen zu paralysieren, indem man zum Beispiel die Treibstoffzufuhr unterbricht, liegt auf der Hand.

Natürlich lässt sich mit speziell geschulten Sondereinheiten durch gezielte Nadelstiche sehr viel Schaden anrichten. Noch billiger ist es, wenn einheimische Widerstandsbewegungen oder Terrorgruppen diese Aufgabe übernehmen. Der asymmetrische Krieg wird hier seine Fortsetzung finden. Ziel ist es natürlich nicht, durch diese in der Summe unbedeutenden Aktionen der militärischen Kraft des Gegners ernsthaft Abbruch zu tun. Obwohl man natürlich alles unternehmen würde wenn sich hierzu eine Möglichkeit bieten würde. Es geht viel mehr darum, den Feind dazu zu zwingen in großen Maßstab Personal und Technik hinter der Front zur Sicherung der militärischen Infrastruktur abzuzweigen, was eine große Belastung seiner militärischen Ressourcen und damit seiner ökonomischen Basis bedeutet. Und natürlich unternimmt der Gegner ebenfalls alle Versuche in diese Richtung.

Für die Zivilbevölkerung der betroffenen Gebiete wird diese Politik eine fürchterliche Belastung darstellen. Denn dieser Kampf wird auf ihrem Rücken und mit ihrem Blut gefochten. Die Menschen sollen das Schutzschild und die Tarnung der Angreifer sein, und sie sind ebenfalls Ziel aller Gegenmaßnahmen zum Aussieben der Täter. Zwischen Guerilla und Konterguerilla werden unzählige Leben zerrieben und die Gesamtheit der dort Lebenden in Angst gehalten. Ein Grund mehr um zu flüchten, wenn Mann und Frau denn könnte!

Flexibilität des Sterbens, fließende Formen des Krieges

Das bisher in diesem Text bestimmende Bild ist das einer Konfrontation zweier Imperien und der daraus entstehenden Folgen. Natürlich wird es in der Zukunft aber noch vielmehr Formen des Krieges geben, sie werden sogar Alltag für die Einwohner der Imperien. Die Machtkonglomerate werden zu einem Zustand dauernder Intervention übergehen müssen. Die ökonomische Verschärfung, ausgelöst durch Rohstoff- und Energieverteuerung einerseits und Marktschrumpfen andererseits werden die Imperien zwingen eine eigene abhängige Peripherie zu sichern und auszubauen. Wie schon in den vorherigen Kapiteln ausgeführt, wird dies in vielfältiger Form geschehen. Die Anwendung von Gewalt wird mitnichten das nonplusultra sein, sondern mehr ein genau abgewogenes Mittel und im Notfall das letzte Mittel eigener Wahl.

In diesem Prozess der Durchdringung fremder Gesellschaften mit dem Ziel, sie den eigenen ökonomischen Interessen dienstbar zu machen werden global alle Formen der asymmetrischen Kriegsführung zur Anwendung kommen. Neu wird daran kaum etwas sein. Intensität und Technik werden sich verändern, ansonsten reicht ein Blick in unsere Gegenwart um sich vorstellen zu können wie diese Geschichte weiter abläuft. Hier eine Freihandelszone, dort eine militärisch abgesicherte Demokratisierung. Ein böser Hitler-gleicher Tyrann wird zum Glück kleingebombt, und der Terror bekämpft. Im Nachbarland hingegen eine terrroristische Revolution durch Intervention verhindert. Vielleicht trifft es auch den Drogenhandel oder den religiösen Fanatismus irgendeines kleinen Volkes.

„Legitime" Ziele gibt es für ein Imperium immer zu finden, wenn es die Absicht hat seinen Machtbereich zu stabilisieren und zu arrondieren. Und genau wie heute wird die Reaktion auf Fremdbestimmung von Außen Gewalt, Terror und Widerstand sein. Diese Trias ist mitnichten gedankenlos hingeschrieben. Gewalt ist nicht zwangsläufig Widerstand und der wiederum muss mitnichten zum Terror greifen. Gemeint ist vielmehr, dass die Intervention von außen die Entwicklung im inneren immer mit zusätzlichem Druck belastet.

Eine Gesellschaft in ihrer Entwicklungsdynamik zum eigenen Vorteil zu beeinflussen, und nichts anderes ist das Ziel einer Intervention von Außen, hat immer die Folge eines steigenden Gewaltpotentials. Wie sich dieses entlädt ist nicht vorhersehbar, zu viele soziale Parameter spielen dabei eine Rolle. Vielleicht verschärft sich die Unterdrückung der Frauen in einer patriarchalischen Gesellschaft, oder die religiöse Doktrin wird Unduldsamer ausgelegt, vielleicht wendet sich die zusätzliche Gewalt aber auch gegen die, die sie ausgelöst haben. Dann tritt sie in Form von Widerstand auf. Und der wird aus der Position der Schwäche häufig Terror sein.

Allerdings muss dem nicht so sein. Häufige soziale Folge von gesellschaftlicher Fremdbestimmung ist eine verstärkte Hinwendung zu dem, was die Menschen als ureigen betrachten. Ihre Kultur, Religion, Sprache oder Nationalismus. Man denke an die ökonomische Durchdringung Japans durch amerikanische Exporte infolge der Kapitalabhängigkeit des Landes nach den vernichtenden Erdbeben Anfang des 20 Jahrhunderts. Diese augenscheinliche Durchdringung hat maßgeblich dazu beigetragen, das japanischen Volk in seiner Reaktion zu einem völlig überzogenen Nationalismus zu treiben. Dieser hypertrophierte Nationalismus wiederum war das tragende Element der menschenverachtenden Ideologie während der japanischen Expansion in den Angriffskriegen des Kaiserreiches. Erst mit dem Einsatz der Atombomben haben die USA Japan dann endgültig zur Akzeptanz ihrer Vorherrschaft zwingen können.

Man sieht, die Zusammenhänge sind vielfältig und verworren. Denn natürlich haben wir es nicht mit monokausalen Zusammenhängen zu tun. Aber was ist das Zünglein an der Waage? Welcher Moment sorgt endgültig dafür, dass die Entwicklung in diese oder jene Richtung umschlägt? Wer Impulse, egal welcher Art gibt muss sich seiner Verantwortung und der möglichen Folgen bewusst sein. Wer Impulse und Eingriffe nur zum Zweck des eigenen Vorteils einsetzt, darf sich nicht wundern wenn er auch für katastrophale Folgen verantwortlich gemacht wird. Eine Lektion, die die Imperien noch lernen müssen. Das ist der einzige Punkt, der in dieser Form der asymmetrischen Kriegen ein Novum sein wird. Der Zeitrahmen, in dem sich die abhängigen Peripherien der jeweiligen Imperien herausbilden wird so groß sein, dass auch die negativen Folgen der Fremdbestimmung augenscheinlich werden.

Bedeutet in unsere heutige Modesprache übersetzt: Große Folgekosten schlecht umgesetzter politischer Investitionen werden schon böse zu Buche schlagen und dazu zwingen, so manchen Aktivpunkt der Bilanz wieder abzuschreiben. Die Folgekosten der Machtpolitischen Investition werden die verschieden Formen der asymmetrischen Kriegsführung sein. Ein Vorgang, der bereits mit dem Ende der Ost-West-Konfrontation begonnen hat.

Denn seither wird die Welt wieder aufgeteilt und jedes Machtzentrum mit imperialen Ambitionen versucht, eine ökonomische Einflusszone zu errichten und, wenn etabliert, weiter vorzuschieben. Das ist unsere Gegenwart, und dieser Vorgang stempelt unserer Zeit ihren unverwechselbaren Charakter auf. Er wird noch lange andauern und selbst im heraufdräuenden Krieg der Zukunft, der kommenden Auseinandersetzung der

Imperien um die globale Hegemonie, wird er nicht abbrechen. Vielmehr wird er solange weitergehen bis die imperialen Ambitionen aller Zentren beendet sind! Asymmetrisch Kriege sind also Kriege unserer Gegenwart und der unmittelbaren Zukunft. Sie sind nicht eigenständig zu betrachten, sondern als Bestandteil des Krieges der Zukunft wahrzunehmen. Und deshalb werden die ungezählten Opfer in den asymmetrischen Kriegen der Zukunft schon die ersten Opfer des Kriegs der Zukunft sein. Kein Zufall, dass die meisten Menschen die in ihnen sterben Zivilisten sind.

Und damit wird es Zeit, sich die Situation des Zivilisten im kommenden Krieg genauer anzuschauen.

Der Zivilist im Krieg der Zukunft

Wenn hier jetzt von Zivilisten gesprochen wird muss deutlich unterschieden werden, wo diese Zivilisten leben. Leben sie im Kampfgebiet, im Aufmarschraum oder im Heimatgebiet. Leben sie im Zentrum oder der Peripherie des kriegsführenden Imperiums, oder sind sie Bewohner eines unabhängigen, gar neutralen Staates? Warum? Das werden Sie gleich lesen. Stellen wir für's erste die Bewohner unabhängiger, nicht involvierter Gebiete ganz nach hinten, denn sie werden eine ganz andere Entwicklung erleben.

Wir bleiben also bei den Menschen, die direkt in den Krieg involviert sind. Hier kann man wenige einfache Grundregeln erwarten. Der Krieg wird für ein Individuum um so belastender, je weiter es vom Zentrum weg lebt, und desto länger der Krieg dauert, Je mehr Niederlagen eingesteckt werden müssen und je weniger militärischen Wert das Individuum für die Kriegsführung besitzt. Es gibt dazu noch die Erscheinung, dass alle neuen Belastungen zwar zuerst an den Rändern der Kriegsführenden Imperien wirksam werden, dann aber immer weiter nach innen wachsen bis auch das Zentrum von ihnen betroffen ist.

Je länger der Krieg dauert, desto schlimmer werden die Folgen für die Zivilisten.

Der Zivilist des Imperiums im Krieg der Zukunft

Fangen wir bei der Arbeit an. Denn diese Arbeit ist der einzige nennenswerte Pluspunkt, den der Zivilist in den Berechnungen der Führungselite besitzt. Da es die ökonomische Potenz ist, die darüber entscheidet ob man einen Krieg führen und gewinnen kann, ist seine Arbeitskraft unersetzbar. Egal, ob es sich um einfache Handarbeit oder um höherwertige Kopfarbeit, um Fließbandproduktion oder Management handelt, die Menge Arbeit ist die entscheidende Kennziffer der zukünftigen Kriegsanstrengungen. Man braucht von allen unvorstellbar viel davon. Jede Form von Arbeit wird wichtig und wertvoll für die Kriegsführung sein. Allerdings wird der Wert abgestuft sein. Die Arbeitsleistung des einzelnen Menschen wird im Krieg immer weiter erhöht. Je wertvoller seine Arbeit ist, desto vorsichtiger wird der Druck zur Mehrleistung erhöht.

Unersetzbare Fachleute ihres Metiers werden sogar so gut als möglich geschont um nicht das Risiko von Leistungsverlusten herauf zu beschwören. Nur ironischerweise kann man nicht so einfach vorhersehen wer ausgepresst und dann ersetzt, und wer mir Samthandschuhen sachte geführt wird. Die einfache Gleichung „hoher Bildungsstand" und „teure Ausbildung" gleich „gute Lebensbedingungen" ist schon jetzt Vergangenheit. Vielmehr werden die Lebensbedingungen des Individuums davon abhängen, ob es über individuelle und spezifisch dringend benötigte Fähigkeiten verfügt. Das hat zur Folge dass zum Beispiel Softwaredesigner für Raketentechnik in großen Entwicklungszentren unter größtem Druck arbeiten werden, und es billigend in Kauf genommen wird dass Menschen durch Überlastung ausbrennen, weil es genug potenzielle Ersatzleute gibt.

Nicht vergessen, schon heute ist die Führung zynisch genug eine hohe Fluktuation als belebende Abwechslung auszugeben. Nervenzusammenbrüche, Selbstmorde oder schlichtes Versagen durch Überforderung werden in Kriegszeiten noch weniger Beachtung finden. Andererseits kann sich ein Fließbandarbeiter, der ein besonders glückliches Händchen beim Zusammenbau der Hardware bewiesen hat, sicher sein, dass sein Chef alles mögliche unternehmen wird, dass ihm keine Unannehmlichkeiten zustoßen.

Wer über spezifische Fähigkeiten verfügt, die nicht ohne weiteres ersetzt werden können wird gut leben können. Alle anderen finden sich in einer nicht stoppen wollenden Tretmühle wieder. Das ist ganz bewusst unter der Perspektive eines jahrzehntelangen Krieges, oder kriegsähnlichen Zustandes wahrzunehmen. Wir können erahnen was es bedeutet, einige Jahre unter dem Albdruck des Ausnahmezustandes Krieg zu leben. Das hat die Menschheit schon so häufig erlebt. Wie aber wird es sein, wenn der Krieg gar keine Ausnahme mehr ist, sondern eher kurze Atempausen im großen Ringen die Ausnahme für die Menschen werden?

Wie wird sich das Arbeitsleben verändern wenn die Ausnahme zur Normalität geworden ist? Wir dürfen sicher sein, dass Arbeiten zur alles dominierenden Belastung wird. Denn schließlich muss die gesellschaftliche Elite dem Kapital und dem Management völlig freie Hand lassen, wenn sie das Maximum an Produktion erreichen will. Ein Vorgang, der nicht so viel Überwindung kosten wird, weil die betreffenden Gruppen aus sozialer Perspektive schon fast synonym zu verstehen sein werden. Schon heute verwischen die personellen Konturen zwischen Politik, Verwaltung und Wirtschaft. Aber in der Kriegssituation wird das ganze auf den Punkt gebracht.

Stell dir eine Zeit vor, in der die Bosse morgens aufwachen und nur noch lächeln weil ALLE ihre Wünsche sofort in Erfüllung gebracht werden! Das ist die Zukunft der Arbeitenden in den Imperien, der Peripherie und den abhängigen Ländern der Kontrahenten.

Der Begriff Freizeit wird vollkommen sinngewandelt. Freizeit wird die Zeit sein, in der das Individuum im Rahmen seiner persönlichen Möglichkeiten für sich selber schaffen muss. Schließlich müssen Du und ich sehen, dass wir möglichst viele ökonomische Folgen des Krieges abfedern können.

Das bedeutet individuell den Mangel managen. Krieg bedeutet immer Mangel an Produkten des täglichen Bedarfs. Nur darf man sich nicht vorstellen, dass der nächste Krieg also wieder leere Regale in den Geschäften und Bezugskarten in den Händen der Kunden bedeutet. Nein, der nächste Krieg ist ein ökonomisches Ringen. Er wird mit Wirtschaftskraft geführt. Und die Wirtschaftskraft des Arbeitenden ist seine Arbeit. Um diese Kraft aus dem persönlichen Konsum in die Rüstungsressourcen zu lenken werden sich unsere herrschenden des Mittels des Geldes als Trägerstoff bedienen.

Die entstehende Differenz zwischen steigenden Preisen und stagnierenden Löhne wird abgeschöpft. Wir werden mehr arbeiten müssen, um das gleiche kaufen zu können. Die Mehrstunden, die Du und ich leisten, die fließen in Konten der Herrschenden, die damit ihren Krieg bezahlen können. Du siehst, natürlich wird es etwas zu kaufen geben, sogar jede Menge, nur deine Möglichkeiten es zu bezahlen werden immer magerer aussehen.

Deshalb werden wir in unseren „nicht-Arbeit"-Stunden damit beschäftigt sein, selber soviel wie möglich zu produzieren, um die steigenden Preise wenigstens zum Teil kompensieren zu können. Also Kleingarten, Tierhaltung, Stricken, Basteln, Reparieren, Improvisieren – immer dann wenn wir nicht arbeiten, essen oder schlafen.

In einem kleinem Maße wird diese geringfügige Selbstversorgung sogar durch das kriegsführende System gefördert. Nicht aus Versorgungserwägungen, sondern weil das selber machen eine wichtige Ventilfunktion erfüllen kann. Wer selber schafft, schafft viel, weil er hofft damit sein Leben zu verbessern. Und die Hoffnung dürfen die Beherrschten niemals verlieren.

Nur ihren Konsumzwang, der darf nun wiederum auch nicht durch Selbstversorgung gemildert werden. Aber da gibt es jetzt schon genug Verordnungen und Gesetze, die „Oben" nutzen kann um „Unten" zu stören.

Das Leben wird also nach kurzer Kriegszeit nur noch aus Anstrengungen bestehen. Es wird von Leistungsdruck bestimmt werden. Und das über die ganze restliche Aktivitätsphase deines Lebens hinweg. Der zweiwöchige Erholungsurlaub pro Jahr wird die einzige Lebenszeit darstellen in der nicht geleistet werden muss – aber kann!

Diese Aussicht erscheint Dir katastrophal, wie aber muss dieses Leben auf einen jungen Menschen wirken, der nichts anderes kennengelernt hat. Wenn du nur das Ende des Krieges nicht erlebst, wie wirkt das ganze dann auf Menschen, die weder den Beginn noch das Ende des Krieges mitbekommen? Wie werden sie auf die Überforderung reagieren? Woher sollen sie Hoffnungen und Perspektiven nehmen wenn sie doch nie etwas anderes erlebt haben? Welche Lebensziele werden sie für erstrebenswert halten? Das Bild einer großen Belagerung kann helfen. Die Frage ist, nach welchen Kriterien werden die Menschen ihr Sozialverhalten ändern wenn die Belagerung ihrer Burg zum Dauerzustand geworden ist. Wie kann eine moderne Gesellschaft ohne soziale Mobilität funktionieren?

Da lauert in naher Zukunft etwas so hässliches, dass es weh tut es zu durchdenken. Denn dieses Problems wird sich natürlich unsere Führungselite annehmen und sie wird Antworten formulieren, die so typisch für sie sind. Die Großkopferten werden verstärkt durch Schule, Medien und Repressionapparat eine ideologische Unterfütterung des totalen Konkurrenzdenkens propagieren. Das geschieht als Reaktion auf die ersten Unzufriedenheitserscheinungen.

Diese Ideologie greift auf Fragmente des Sozialdarwinismus und Nietzsches Übermenschendenken zurück. Sie wird weder laut genannt, noch öffentlich durchdekliniert. Sie ist nur immer inhaltlich bei allen Handlungen und Bewertungen der Herrschenden präsent, weil sie sie selber für sich akzeptieren und daraus ihren Herrschaftsanspruch ableiten. Der ideelle Ansatz der Oberschicht wird also nicht so sehr die gesellschaftliche Manipulation sein, sondern vielmehr die erläuternde Erklärung von oben, warum alles so sein muss, wie es eben ist. Dadurch findet die Ideologie dieser Schicht unbewusst Eingang in das Alltagsleben der Masse, ein Vorgang der in unserer Gegenwart schon sichtbar geworden ist. Man bedenke die krausbösartigen sozialen Argumentationen, die FDP und SPD in die Öffentlichkeit tragen. Zusammen mit der geförderten individualisierung nach Normen, ein Vorgang der zwar geistig unmöglich scheint, aber eben in der sozialen Realität nicht, wird so der Großteil der Bevölkerung geistig kaltgestellt. Diese Entwicklung hat bereits eingesetzt, genauso wie die asymmetrische Vorkriegsphase bereits seit Jahrzehnten läuft. Millionen von Menschen versuchen, durch medial normierte Designidentitäten individuell zu sein. Zu unserem Unglück hat die Konsumgesellschaft schon so viele soziale Autisten hervorgebracht, dass sie die Lächerlichkeit ihrer ach-so-individuellen Lebensperspektiven von der Stange gar nicht mehr begreifen können.

Diese destruktive soziale Entwicklung stabilisiert die Gesellschaft der Gegenwart und noch viel mehr die Gesellschaft im Krieg der Zukunft. Der große Wert zur Erhaltung liegt darin, dass der einzelne Mensch dann außerhalb seiner – sofern noch intakten – Familie nur noch menschlichen Kontakt zu den Bedingungen des Herrschaftssystems hat. Keine systemfremden Parteien, keine alternative Lebensplanungen, keine unabhängigen sozialen Gemeinschaften mehr. Er findet keine Alternativen. Es bleibt ihm nur noch die Leistungsherausforderung der Herrschenden zu akzeptieren. Wer aus der Reihe tanzt, wird von der Hand der staatlichen Repression gepackt und wird, wenn er nicht klein bei gibt, über kurz oder lang vergehen. Wie das stattfindet wird später erläutert, wenn es um „Wohlstandssaboteure" geht.

Diese Perspektive mutet grausam an, und verleitet zu Mutlosigkeit. Das ist falsch, denn die da oben können auch nach hundert Jahren Krieg nicht komplett frei schalten und walten. Die Grenze, die dem Druck von oben gesetzt ist, liegt trotz aller Macht offen zutage. Die Herrschenden dürfen niemals so stark drücken, dass die Masse der Arbeitenden aus ihrer politischen Passivität aufwacht. Der Krieg der Zukunft ist nicht der Volkskrieg der Vergangenheit. Wie schon ausgeführt, die Bevölkerung hat höchsten ein indirektes Interesse daran, Krieg zu führen. Der Krieg bricht aus, weil er im Interesse der gesellschaftlich herrschenden Schicht ist. Sie erklärt den Krieg, sie führt ihn und sie will ihn unbedingt gewinnen. Dabei darf sie niemals eine Situation entstehen lassen, in der Teile der eigenen Bevölkerung sich abwenden, kritisieren oder gar gegen die Kriegsführung aufmucken. Jede solche Regung könnte schnell eine kritische Masse erreichen und die Masse der Menschen zur Revolte treiben. Die Gesellschaft passiv halten, den Druck nur dann und dort erhöhen wenn Widerstand nicht zu erwarten ist. Flexibel herrschen. Empirisch herrschen. Tausend tote Arbeiter durch Übermüdung am Arbeitsplatz sind kein Problem, 1001 kann es werden. Wann kommt Bewegung in den Sozialkörper? Ihn fein beobachten und schnell reagieren, das ist die Herausforderung für die Elite im Inneren des Imperiums.

Deshalb wird der Krieg in der Öffentlichkeit und in den Medien keinerlei Erwähnung finden. Wir sind mitten im Krieg und keiner spricht darüber! Es ist anzunehmen, dass er als ganzes glatt geleugnet wird. „Kein Krieg sondern eine Krise unserer Wettbewerbsfähigkeit!" „Kein Krieg sondern nur eine humanitäre Intervention!" Stell dir vor, die da oben führen Krieg und keiner erfährt es!

Eine andere Erscheinung, die im Krieg der Zukunft ansteht ist der Umstand, dass der asymmetrische Kampf in den Zentren stattfinden kann. Denn den modernen Gesellschaften geht jede innere Geschlossenheit ab. Maximal verbindet den Großteil der Wunsch am großen Fressen teilzuhaben, aber nicht einmal das ist sicher. Durch die moderne Gesellschaft gehen so viele Bruchlinien, dass es höchst unwahrscheinlich ist, dass es in der belastenden Kriegssituation nicht zu gewalttätigen Ausbrüchen kommt. Höchst wahrscheinlich muss ein Feind nicht mal Salz in die Wunde streuen, die vielfältigen Ethnischen, religiösen, politischen und soziale Spannungen werden sich von ganz alleine verschärfen. Der Feind wird es aber trotzdem machen so stark betreiben wie er kann!

Das kann und wird aller Wahrscheinlichkeit bis hin zu sporadischen Terroranschlägen gehen. Zynischerweise wird das in einem bestimmten Maß den Herrschenden nicht einmal ganz unrecht sein. In einer belagerten Burg, atmen schließlich auch alle auf, wenn sie ihren Frust am geschnappten Brunnenvergifter abreagiert haben.

Also kann es aus der Perspektive einer sozialen Gruppe, die versucht die Gesellschaft im Krieg zu managen, ungemein zweckmäßig sein als Aggressionsventil für die Majorität immer mal wieder eine kleine Gruppe von systemisch ungefährlichen Tätern zu präsentieren. Jugendbanden, Mafiosi, Schutzgelderpresser und, und, und. Die Möglichkeiten sind vielfältig. Zudem stabilisiert nichts eine Gruppe mehr als ein gemeinsamer Feind. Da das der militärische Gegner nicht sein kann und soll, muss etwas anderes her. Ein innerer Feind!

Wenn dann eine ethnisch abgrenzbare Gruppe in ihren Vierteln, also den „sozialen Brennpunkten" ungehorsam wird, bietet sich eine günstige Lösung an. Der innere Feind ist dann da. Eine Bedrohung die die Masse im Alltag real empfindet und an die sie ihre Aufmerksamkeit verschwenden kann ist so billigst zu haben.

Dass die Kleinkriminalität und Alltagsgewalt, selbst einzelne Terroranschläge dieses „inneren Feindes" keine ernsthafte Bedrohung des Systems bedeuten, versteht sich von selbst. Sie bedroht nur das Eigentum und die Gesundheit kleiner Menschen, ist empirisch aber unbedeutend für das politische und ökonomische System. Wäre das anders würde die kriegsführende Oberschicht das Problem sofort von der staatlichen Exekutive „lösen" lassen. Nein, es geht nur darum vor der Masse einen Bösewicht aufzubauen, vor dem sie Angst empfindet, auf den sie ihre Unzufriedenheit fokussieren kann, und an dem sie sich mental abarbeitet.

Deshalb darf das grundlegende Problem dieser gefühlten Konfrontation auch nicht aufgelöst werden. Die Anzüge oben brauchen im Krieg der Zukunft die Straßengang ganz unten. Und deshalb dürfen wir uns an den Gedanken gewöhnen, das ganze Stadtviertel oder auch Stadthälften für uns aufgrund geschlechtlicher, ethnischer oder kultureller Merkmale zu No-Go Areas werden dürften. Dieser kleine Bürgerkrieg im Inneren kann für die Elite zu einem wichtigen Faktor werden, den Krieg außen nicht aufgeben zu müssen. Allerdings wird die Auseinandersetzung im Inneren von oben genau kontrolliert. Das Problem wird zum Zaubertrick auf der sozialen Bühne. Während unsere schlipstragenden Zaubermeister mit vielerlei interessanten Versuchen öffentlichkeitswirksam Luft aus dem Problem lassen, pumpen hinter der Bühne ihre heimlichen Helfer wieder Luft hinein. The show must go on. Wir werden also Ausbildungsprogramme für Gangmitglieder erleben, während gleichzeitig die Bildungsschranken und Auslesemechanismen für den Nachschub an gescheiterten Bengeln sorgen.

Aber die althergebrachte Art immer dem Rändern der Gesellschaft oder fremd-gebliebenen die Schuld unterzuschieben trägt einige Schwierigkeiten in sich. Diese lassen mich vermuten, dass sich Ausländer, Kriminelle, und Religiöse nur eingeschränkt als Blitzableiter benutzen werden. Zum Einen stelle Dir bitte vor, es wären keine inneren „Feinde" mehr da. Alle weg! Sofort müssten die Designeranzugsträger anfangen jemanden geeigneten zu importieren!

Zum Zweiten: Benutzt man jemanden als Sündenbock, mit dessen Ablehnung man an alte gesellschaftliche Traditionen anknüpft, könnten in einer Art Eigendynamik andere alte, immer noch intakte „gemeinschaftliche Traditionen" ebenfalls wieder hochkommen. Das „gemeinschaftliche" aber ist das Letzte, was die kriegsführende Oberschicht im Krieg der Zukunft wieder im Bewusstsein der Masse verankert sehen will. Erst recht darf keine unkontrollierte soziale Dynamik entstehen. Neues muss her und ist auch schon da.

Als Teil der propagierten Bereicherungsideologie existiert auch der Leistungsdruck. Tja und wo Leistungsträger sind, da gibt es auch die Kehrseite, die Minderleister! Und diese bieten sich als Sündenböcke und Blitzableiter viel eher an.

Erstens kennt jeder einen, Zweitens wachsen sie nach und Drittens, und bestens, ist der Vorwurf des „minder leistens" schon in unseren Gesellschaften etabliert. Wie weit die Akzeptanz dieses ideologischen Wahnsinns heute schon geht zeigte sich in Deutschland exemplarisch als die deutsche Öffentlichkeit einerseits Hartz-IV begrüßte und andererseits keinen gesetzlichen Mindestlohn forderte. In Deutschlands Öffentlichkeit galt der Arbeitslose als Problem, nicht die Arbeitslosigkeit!

Bei dieser Ausgangslage bietet es sich einfach an das Feindbild „Minderleister" weiter zu verbreiten. Im Krieg der Zukunft kann dann jederzeit dieses Feindbild als Joker im sozialen Gesellschaftsmanagement gezogen werden wenn die Masse durch die ökonomischen Folgekosten unruhig wird. Zu Anfang gibt es wahrscheinlich nur eine weitere online Realityshow mit einem suggestiv Namen wie „Wieder Gas geben". In ihr werden „Minderleister" vorgeführt, denen es im Gros gelingt sich durch „übermenschliche" Anstrengungen wieder nach oben zu arbeiten, ihren Makel dadurch abzulegen.

Aber keine strahlenden Sieger ohne Verlierer. Die muss es einfach geben. Also werden auch „Minderleister" öffentlich als asoziale Versager gezeigt. Von da aus ist es dann nicht mehr weit zur Kampagne „Minderleister benennen – Wachstum schaffen!" Tippgeber nehmen übrigens an der Verlosung einer Deutschlandreise teil.

Öffentlich erkannte Minderleister müssen dann Abstriche in Sozial- und Gesundheitsleistungen hinnehmen. Das ganze eskaliert dann kontrolliert immer weiter bis irgendwann erkannte „Minderleister" in Arbeitsschulen konzentriert werden. Dort sollen sie dann zwanghaft wieder auf den „rechten Weg" kommen. Parallel werden unter den „Minderleister" einzelne wenige identifiziert, die offensichtlich „Wohlstandssaboteure" sind. Auf sie wartet das Gefängnis. Wenn der Krieg der Zukunft dann bis hin zum massenhaften weltweiten sterben zelebriert wurde, werden diese Wohlstandssaboteure aus ihren Knastzellen geholt und in einer weiteren Realityshow öffentlich auf dem elektrischen Stuhl gegrillt. Das abgestumpfte Publikum braucht dann eben härtere Kost um weiter zu funktionieren. Eine grausige und nicht unwahrscheinliche Perspektive.

Daraus aber zu schließen die Zentren wären auf dem sozialen Weg in eine neue totalitäre faschistische Diktatur ist grundfalsch. Genauso wie die direkte Herrschaft im Kolonialismus ist die Diktatur zu teuer! Die parlamentarische Demokratie ist ja kein luxuriöses Schönwettersystem, sondern hat sich im knallharten Konkurrenzkampf der Systeme bei uns durchgesetzt. Gerade aus der Perspektive der herrschenden Oberschicht bietet die „parlamentarische Demokratie" einige unbestreitbare Vorteile. Um im Beispiel der „Minderleister-Verfolgung" zu bleiben. Durch Medien und Bildungseinrichtungen kann ein „Ministerium für gute Laune" problemlos die schon vorhandene Ablehnung aller Schwächeren und Andersartigen benutzen. Es strukturiert und lenkt die Verfolgung der Blitzableiter in einer Art Salamischeiben-Taktik. Nichts soll unkontrolliert ablaufen.

Wenn jetzt innerhalb der Bevölkerung eine andere Ansicht Raum greifen würde, weil zum Beispiel in Deutschland immer mehr Menschen Angst bekommen selber einmal von ihren Kollegen als Minderleister denunziert zu werden, kann das System dank parlamentarischer Demokratie jederzeit neu justiert werden. Wählen die Menschen in den sporadisch abgehaltenen Wahlen mehrheitlich eine Partei, die die „Minderleister Verfolgung" für falsch erklärt, dann werden einfach im Parlament und im Ministerium ein paar Gesichter getauscht und ein anderer Blitzableiter aus der Schublade gezogen.

Das ist ja gerade das besondere an der parlamentarischen Diktatur. Ihre Struktur ermöglicht es, die Herrschaft sicher und flexibel zu gestalten. In ihr wirkt ein demokratisches Element unter Vorbehalt. Der Vorbehalt ist gerade das Interesse der Oberschicht. Wo dieses nicht direkt tangiert wird, darf das liebe Volk doch entscheiden was es will. Welcher Blitzableiter gerade dran ist, juckt das Kapital doch nicht! Das Parlament verbürgt die Stabilität der Herrschaftsstrukturen. Das System bleibt heil.

In der Diktatur hingegen wäre es zwar möglich gegen den Willen der Masse eine ganze Zeit lang weiter rosa Schuhe für alle durchzusetzten, aber dabei riskiert man die Struktur an sich. Die parlamentarische Demokratie bietet einem System die Möglichkeit Machtstrukturen zu verschleiern und geschmeidig zu agieren. Das schützt die Oberschicht davor, dass die Bevölkerung sich die Systemfrage stellt. Um beim Beispiel Minderleister zu bleiben, eine Diktatur würde sich in der Verfolgung verrennen und Zuspruch verlieren. Die parlamentarische Demokratie hingegen bekommt empirisch die Rückmeldung, dass aus der Sache die Luft raus ist. Sie erklärt Minderleister durch neue Parteien für einen Fall der Sozialpädagogik. Ein paar Beamte werden frühpensioniert und einige Manager mit goldenem Handschlag abgesetzt. Das war's! Eine juristische Aufarbeitung verliert sich im Sande der Zeit und belangt sowieso nur ein paar untergeordnete Bürohansel.

So funktioniert die Gesellschaft der Zentren im Krieg der Zukunft, und allzu häufig auch schon heute. Zynisch? Ja, das ist es, aber keine Angst. Denn natürlich weiß die Oberschicht genau das sie nichts wachsen lassen darf, dass eine nicht zu bändigende Eigendynamik entwickeln könnte. Die Brennpunkte dieser Entwicklung werden klar zu sehen sein, und die Viertel mit eigenen Regeln klar abgegrenzt von der Majorität. Zusammenfassend: Bei all den sozialen, ethnischen und politischen Problemen darfst Du dir sicher sein, dass sie nicht zu einem kritischen Punkt anwachsen können. Es darf nichts wachsen, das sich der Kontrolle der Herrschenden entziehen könnte.

Deshalb wird es auch kaum zu Hungerphasen kommen. Gerade weil der Krieg der Zukunft kein Krieg der Völker ist, sondern wieder ein Krieg der Eliten. Sie entscheiden die Frage ob Krieg oder Frieden, er wird für ihre Interessen geschlagen.

Deshalb werden genau diese Eliten alles unternehmen die Grundversorgung im Imperium sicher zu stellen. Nur wer aus der Reihe tanzt wird dieser von Oben garantierten Grundversorgung verlustig gehen. Natürlich wird die Versorgung zur Peripherie hin immer schlechter, und Teile der Peripherie werden unterversorgt sein. Es wird aber trotzdem auch dort eine offizielle Versorgung geben. Also zynisch durchdacht betreibt ein Imperium Verschwendung wenn es Verhungernden 60% der benötigten Nahrung liefert. Schließlich sterben die Menschen doch trotzdem, dann könnte man sich die 60% ja auch noch sparen. Und im ökonomischen Krieg kommt es auf jeden Pfennig an. Aber den Zufluß von Lebensmitteln ganz zu kappen kann sich kein Imperium leisten. Also hungern und leiden Menschen in der Peripherie, sie verhungern vielleicht auch, trotzdem wird ihnen immer wieder etwas geliefert. Das Imperium darf niemals den Anspruch liefern zu wollen aufgeben, sonst verliert es an Legitimation. Parallel wird ein Generalstab „Inneres" alles unternehmen, um den Krieg als solches geistig und mental so weit weg wie irgend möglich von den Zivilisten fernzuhalten. Stell dir vor, es ist Krieg ... und niemand bemerkt es!

Es werden also in Kriegszeiten noch häufiger als jetzt ein Superstar gesucht, Millionengewinne in Rätselshows ausgeschüttet und das Pay TV wird durch Subventionen verbilligt. Und erst das öffentliche Fernsehprogramm, das wird wirklich besser werden. Soll keiner sagen, ein Krieg würde nur Schlechtes bringen! Die Verfügbarkeit von Pornographie wird unglaublich hoch sein, wie insgesamt eine augenfällige Liberalisierung des Unterhaltungsbereich stattfinden wird.

Welche Folgen wird dieser Lebensalltag aber auf die Gesellschaften der imperialen Zentren haben? Eigentlich kann die Gesellschaft nur leise an den Folgen dieser dauernden Vergewaltigung sterben. Und welche Folgen wird die penetrante Ausbeutung und Ablenkung für die Kultur der imperialen Gesellschaften haben? Sie wird aus dem Zustand des Siechen in den des Verrottens übergehen. Egal, ob der Krieg nach 80 Jahren mit einem Sieg oder mit einer Niederlage endet, die heutige Gesellschaft und die heutige Kultur werden dann genauso tot sein, wie wir heute lebenden Menschen.

Um den Krieg der Zukunft führen und durchstehen zu können wird die Kultur und die Gesellschaft als Gemeinschaft geopfert werden müssen. Die Kriegszeit über werden die Menschen der Imperien als Ansammlung von einsamen Individuen durch die

Ideologie der Leistung, durch Gewalt und Unterhaltung am laufen gehalten. Nach Ende des Krieges wird etwas neues wachsen müssen, das als lebenswertes Gesellschaftssystem und Kultur tragfähig sein muss. Wie lange es dauern wird bis wieder Freiheit und Gerechtigkeit Eingang in den Alltag finden ist nicht vorhersehbar. Es hängt davon ab ob der Kampf „Gewonnen" oder „verloren" wird. Als einfacher Mensch muss man sich die Niederlage wünschen, denn sie wird einen gesellschaftlichen Neuanfang viel einfacher machen. Die materiellen Verluste können auf Dauer immer ersetzt werden. Wie aber etwas neues wachsen soll, unter den Argusaugen einer siegreichen Oberschicht, kann ich mir nicht vorstellen!

Man bedenke das alles, wenn öffentlich erörtert wird warum eine Intervention hier oder dort nötig sein könnte. Ganz historisch betrachtet und sehr deutschlandbezogen formuliert: „Der Platz an der Sonne könnte zu teuer sein."

Zivilist der Peripherie im Krieg der Zukunft

Das alles gilt nur für den Menschen des Zentrums eines Imperiums. In der Peripherie sieht es noch viel düsterer aus. Denn die Peripherie erklärt keine Kriege. Sie ist Unfrei! Sie bezahlt nur die Rechnung für das Imperium! Die Peripherie, das sind die Dörfer um die belagerte Burg herum. Sie werden immer wieder zum Schauplatz von Kämpfen, sie werden von beiden Seiten ausgeplündert, sie leiden und verlieren auf jeden Fall. Sie fragt sich nur wie viel sie noch verlieren muss, bis Schluss ist.

Denn alle Belastungen, die die Arbeitenden im Zentrum treffen, wirken auch in der Peripherie, aber nicht alle Belastungen der Peripherie wirken auch schon im Zentrum. Auf Unfreie muss man noch weniger Rücksicht nehmen als auf die eigene Bevölkerung. Sollten sie aus der verordneten sozialen und politischen Passivität ausbrechen wollen, kann man sofort Gewalt anwenden. Da kräht kein Hahn des Zentrums nach.

Der Druck wird hier also noch größer sein, denn zu dem Druck der eigenen Herrscher kommt noch der der Herrscher des Imperiums hinzu. Genauso verhält es sich mit den Kosten. Sie sind noch höher, weil über dem eigenen Management noch die Ebene des imperialen Managements liegt. Insgesamt wird die Lebensqualität in der Peripherie noch viel niedriger sein als im Zentrum. Zudem droht der Peripherie immer im Verlauf des Krieges zum Aufmarsch- und Entfaltungsraum mit allen daran gekoppelten Belastungen zu sein. Wenn es ganz schlimm kommt, wird sie zum Kampfgebiet und alles Leben muss weichen.

Asymmetrische Kriegsführung findet in der ganzen Peripherie

im großen Umfang Anwendung. Allerdings nicht überall in gleichem Umfang. Das ergibt sich einerseits aus dem Umstand der ökonomischen Ausbeutung durch das Zentrum. Jede Form von Ausbeutung provoziert Widerstand. Die einfache Gleichung lautet: Je mehr Ausbeutung, desto stärkerer Widerstand. Dieser Widerstand fällt natürlich umso heftiger aus, wenn die Ausbeuter Fremde sind. In der konkreten Kriegssituation werden die Völker in allen imperialen Peripherien sehr genau empfinden, wer sie aussaugt! Sehr wahrscheinlich werden sie nicht nur mit Gesangsvereinen, Folklore und einer religiösen Überhöhung reagieren.

Zudem kann sich jeder zum gewalttätigen Widerstand Entschlossene sicher sein, Hilfe und Material beim gegnerischen Imperium zu finden. Die Belastungen können also nicht bis zum Exitus hochgeschraubt werden. Das Ende der Fahnenstange ist in den verschiedenen Peripheriegesellschaften sehr unterschiedlich. Manche von Ihnen können bestimmt ihre spezifische politische und ökonomische Bedeutung so auf die Waage legen, dass der Ausbeutungsdruck gemildert wird. Wenn sie zum Beispiel eine nicht ersetzbare Ressource in die Kriegsanstrengung einbringen, werden sie mit politischen und ökonomischen Samthandschuhen angefasst. Andere haben keine solche Möglichkeiten und es bleibt ihnen nur der Versuch mit der Eventualität von Widerstand und dadurch überproportional steigenden Kosten Exzesse des Imperiums zu verhindern. Insgesamt keine sehr starke Position und deshalb resultieren aus ihr auch die schlechten Lebensbedingungen.

Einen wichtigen strukturellen Vorteil aber hat die Unfreiheit der Peripherie in der konkreten Kriegssituation. Der Unfreie ist auch nur sehr bedingt Verantwortlich für das Geschehen. Das bedeutet, dass die Gesellschaften und Kulturen der Peripherie nicht zwangsläufig zerstört werden. Sie werden unter dem

Druck der Fremdbestimmung verändert und für nachfolgende Generationen zum idealisierten Zerrbild. Aber sie existieren weiter. Ihre Werte werden tradiert und stehen nach dem Zusammenbruch des Imperiums unkorrumpiert bereit wieder allgemeine Geltung zu haben. Ein Glück, welches den Menschen der Zentren verwehrt bleiben wird.

Die Menschen in den Neutralen, Unabhängigen und freien Gesellschaften mit Exkurs „Die EU als „Freier"?"

Die Menschen dieser Teile der Welt haben noch das Glück, dass ihre Gesellschaften als Gemeinschaften, als politische Wesen wahrgenommen werden müssen. Hier stehen nicht Millionen von einsamen Modenjunkies wehrlos vor einer gesamtgesellschaftlichen Herausforderung, die sie überrollt. Hier agieren noch politische Gemeinschaften, die ernst genommen werden müssen.

Die Lebensqualität der freien Menschen der Welt hängt von vielen Faktoren ab. Dementsprechend breit gefächert werden auch die Formen der Lebensrealität im Krieg der Zukunft sein. Die Bandbreite reicht von wenig entwickelten Staaten, die miterleben müssen wie die Geostrategen der kämpfenden Zentren ihre Heimat zum Kampfgebiet erklären, bis hin zu Gesellschaften, die eine boomartiges Entwicklung erleben, weil sie ökonomisch vom Krieg der anderen profitieren.

Punkt ist, die politischen Herausforderungen an die Freien der Welt werden anschwellen. Wer bisher im Welthandel eine prominente Rolle einnahm, steht vor dem Problem, dass die Interessen der Kriegsführenden bis zu ihm reichen. In einem ökonomischen Kräftemessen wird jede Dienstleistung und jedes exportierte Stück zum Rüstungsgut. Alles Bauen, Produzieren und Handeln ist potentielles Objekt strategischer oder taktischer Überlegungen der Kriegsführenden. Wenn nun Chinesen und Amerikaner um die globale Hegemonie streiten wird das auch das Wirtschaften anderer tangieren. Alle kriegsführenden Seiten werden versuchen, soviel fremde Wirtschaftskraft wie möglich vor den eigenen Karren zu spannen. Hier lauert das Risiko der globalen Eskalation des Krieges der Zukunft.

Sollten zwei Kontrahenten jeweils andere Imperien an ihre Seite manövrieren können wird die Intensität des Kampfes überproportional ansteigen. Die Lebensqualität aller Menschen der Welt hängt davon ab, dass möglichst große Teile der globalen Wirtschaft nicht in die militärische Verwertung involviert werden. Wer soll sich denn um Flüchtlinge, Katastrophenopfer und um zivile Entwicklung kümmern, wenn alle nennenswerten ökonomischen Ressourcen nur dem Ziel dienen zu stören und zu zerstören? Hier liegt eine große politische Herausforderung für die Menschen dieses Teils der Welt. In einer globalen Belagerung, die zwei mächtige Imperien ihrem Feind gegenüber verhängt haben, den eigenen politischen und ökonomischen Freiraum zu erhalten.

Eine echte Herkulesaufgabe, denn die Kontrahenten werden Zuckerbrot und Peitsche in Form von Marktzugang und Rohstofflieferungen, aber auch Angriffsabsichten zur Geltung bringen. Ob es Gesellschaften gelingt sich den negativen Folgen des Krieges so weit als möglich zu entziehen, wird bei den Starken maßgeblich davon abhängen ob sie den Verlockungen widerstehen können; und bei den Schwachen ob sie Antworten auf die Drohungen finden.

Heißt: Wenn die USA der EU als Kompensation ihres Kriegseintritts eine viel größere ökonomische Einflusszone offerieren, wird die EU dann gierig werden? Wenn die Chinesen Japan drohen, keine seltenen Erden mehr zu liefern, wenn Japan nicht im Ausgleich Rüstungsgüter liefert, wird dann Japan einknicken? Und wie wird es aussehen, wenn die USA Kuba mit dem Einsatz von Mininukes drohen? Kann Kuba dann eine rettende politische Antwort finden, die nicht die komplette Unterwerfung bedeutet?

Wenn eine Gesellschaft militärisch und ökonomisch stark und

sozial ausgeglichen ist, sind ihre Möglichkeiten neutral zu bleiben als viel größer einzuschätzen. Sollte das aber nicht der Fall sein, steigt der Druck an. Unter aktueller Perspektive kann nur ein Maximum an politischer und ökonomischer Elastizität verhindern, dass kleine und schwache Gesellschaften direkt in die Kriegsfront eines Imperiums eingegliedert werden. Wie weit die Flexibilität gehen muss kann erahnen, wer sich ansieht wie es die Schweiz im zweiten Weltkrieg schaffte neutral zu bleiben.

Sie belieferte je nach militärischem Bedrohungspotential beide Kriegsparteien. Je stärker der deutsche Druck an den bald ganz von deutschen Truppen kontrollierten Landesgrenzen wurde, desto mehr wurde sie in die deutschen Rüstungsanstrengungen eingebunden. Und das ganze auf Pump. Die Schweizer bezahlten also das Rüstungsmaterial, das sie den Deutschen liefern mussten, größtenteils selbst! Als dann das Kriegsglück sich wandelte kamen wiederum die Alliierten mehr zum Zug. Und immer wurden beide Seiten beliefert. Insgesamt kostete der zweite Weltkrieg die Schweiz einen nicht unbedeutenden Teil ihres Volksvermögens, daran änderte auch die maximale Ausnutzung anderer Möglichkeiten der Kriegssituation, wie Raubgoldverkauf, nichts.

Und diese Situation hielt für eine schon damals sehr reiche Schweiz nur einige Jahre an. Was noch passiert wäre wenn sie Jahrzehnte, gar ein Jahrhundert angehalten hätte? Kann man dann noch neutral bleiben? Für die Bewohner der kleinen Länder und Wirtschaften wird die Frage des politischen Zusammenschlusses zum gegenseitigen Schutz in nächster Zeit brennend aktuell.

Wie ein Fischschwarm dem einzelnen Individuum Schutz bietet, so kann der Zusammenschluss der Kleinen die Möglichkeit ein ausreichend großes ökonomisches und politisches Potential zu bilden um – zwar nicht den einzelnen Mitgliedern – aber dem Zusammenschluss an sich ausreichend Gewicht in der Globalpolitik zu verleihen. Das wäre auch der einzig gangbare Weg für Kuba, um sich nicht dem US-Druck beugen zu müssen.

Gesellschaften, die es lieber als Einzelkämpfer versuchen, werden viel Glück brauchen. Aber Glück ist kein gutes Fundament um eine Zukunft zu bauen. Die Mehrzahl der kleinen schwachen Länder werden ohne großes Aufhebens in die Phalanx der Kriegsführenden eingereiht. Ihre Einwohner werden nicht mehr Herr ihrer selbst sein und in kürzester Zeit Peripheriestatus mitsamt all der Nachteile, die das mit sich bringt, einnehmen. Es mag wenige Fälle geben in denen einzelne Länder so unwichtig und abseits sind, dass sie keine Beachtung durch die Zentren finden. Diese Einzelfälle dürfen aber nicht den Blick auf das Schicksal der Masse trüben. Die einzige Chance der Kleinen frei zu bleiben ist ihre Freiheit freiwillig durch einen Zusammenschluss zu schmälern. Das wird ein viel interessanterer Weg als Schaukel-, Anbiederungs- oder gar Vogel-Strauß-Politik.

Aller Wahrscheinlichkeit werden also im Krieg der Zukunft eine Anzahl von kleinen Staaten politisch zusammenfinden um nicht als Objekt imperialer Strategien auf der Strecke zu bleiben. Ansätze zeigen sich bereits in Teilen Mittel- und Lateinamerikas, die sich dadurch vom übergroßen US-Einfluss befreien wollen. Ähnliches entwickelt sich in Asien. Es wäre theoretisch sogar möglich, dass die EU auch den Charakter eines solchen politisch passiven Schutzbündnis annimmt. Mindestens zum Teil wäre es denkbar, dass sich kleine Randstaaten versuchen in die EU zu „retten". Eine Teilung in einen imperialen Kern der EU und eine Gruppe assoziierter Randstaaten, die dadurch den Status einer „Peripherie de Luxe" anstreben, wäre möglich. Das würde nicht nur den Randstaaten helfen, sondern es auch der EU ökonomisch und politisch erleichtern die Kriegszeit möglichst gut zu überstehen.

Nicht vergessen, am Ende dieses Krieges der Zukunft stehen zwei total ausgelaugte Gegner, die vielleicht glauben gewonnen zu haben, weil sie noch eine heile Feder am Körper tragen! Wie viel gewinnt da ein Zentrum/Imperium, dass sich von erschöpfenden Kriegshandlungen fernhält und ökonomisch frisch und technisch entwickelt am Ende des Jahrzehnte langen Albs daran geht, die Zerstörungen unter seinen Vorzeichen zu beheben? Allerdings ist das nur dann möglich, wenn die EU glaubhaft kommunizieren kann, dass sie nicht daran denkt an diesem weltverheerenden Krieg mitzutun.

Ganz entscheidend wird für alle Machtzentren, ob groß oder klein die Frage sein, ob man den Krieg will, oder ihn als Grundfalsch ablehnt. Welche Einstellung tragen die herrschenden sozialen Schichten in sich? Lehnen sie den Kampf um eine globale Hegemonie als verbrecherischen Unsinn ab, oder lechzen sie nach ihrem Platz an der Sonne?

Die Frage, ob sie sich 'raus halten wollen, oder am Kampf um die globale Hegemonie teilhaben wollen wird also für alle entscheidend sein. Sollten die Menschen der Masse da anderer Meinung sein als die Herrschenden, müssen sie sich überlegen wie sie ihre Meinung zu Gehör bringen bevor die Elite politische Weichenstellungen abgeschlossen hat und militärische Fakten schafft.

Allerdings sollten wir EU-Bürger ebenfalls wahrnehmen: Auch wenn diese Frage für uns extrem wichtig ist, hat sie doch nicht das gleiche Gewicht wie für die restliche Welt. Denn der Fisch

EU ist zu groß und hat zu viele Zähne, als dass er einfach so zum Objekt fremder Kriegsplanung werden könnte. Unsere politische Position als mindestens Nummer 3 der globalen Wirtschaftszentren gibt uns auch Sicherheit. Unsere Freiheit wird nicht von Außen bedroht. Gefahren lauern ihr nur innerhalb der EU.

Wer als Europäer ehrlich ist wird bitter erkennen müssen, dass unsere Aussichten, nicht Kriegsteilnehmer zu werden, leider ausgesprochen düster sind. Unsere Großkopferten sprechen in den letzten Jahren immer ungenierter von politischen Weltstellungen, die verteidigt werden wollen, von Interventionen in Erdöl fördernden Gesellschaften um Demokratie und Freiheit zu teilen. Als wenn wir soviel davon hätten, das wir Demokratie und Freiheit weltweit exportieren könnten!

Leider ist es sehr viel wahrscheinlicher das Mann und Frau in Brüssel, und erst recht in Berlin, Paris und Rom ganz versessen darauf sind, so schnell als Möglich einen noch größeren ökonomischen Schatten auf den Planeten zu werfen. Ich sehe uns nach kurzer Zeit als Juniorpartner der USA in einem Krieg der Zukunft involviert sein. Und damit gegen unsere eigenen Interessen verstoßend aus kurzfristiger Gier das Glück von 500 Millionen Menschen in der EU und den ihr politisch zugehörigen Randgebieten wegzuwerfen.

Nur die Demokratie kann uns vor dem drohenden menschlichen Versagen unserer Eliten retten.

Leider reagieren alle Herrschenden ausgesprochen allergisch auf Demokratie. Die ertragen sie zwar, genießen sie aber nicht und würden sich ihr am liebsten entziehen. Also bloß keine Volksabstimmungen, und wenn schon, dann nur unter einem Haufen Bedingungen, Bestimmungen, Regeln und Regelungen.

Sie bevorzugen halt mehr eine Demokratie light. Also ein schickes Parlament mit Restaurant, Bediensteten und Sicherheitspersonal an den Türen. Dazu möglichst große Befugnisse für die Exekutive um Entscheidungen zeitnah treffen zu können, für alles andere gibt es ja „Ausschüsse".

Und natürlich auch Wahlen. Wahlen sind wichtig! Wählen Sie das sympathischste Gesicht, den schönsten Namen und aus dem angebotenen die schönste Tischdeckenfarbe! Ach, Demokratie muss für die Herrschenden nicht unangenehm sein.

Sollte sie aber!

Wir dürfen kein Mitleid mit Ihnen haben. Sollen diese Anzugsträger noch so rot anlaufen, heulen, rotzen und Kopfschmerzen haben. Wir müssen selber entscheiden ob wir Absatzmärkte erobern wollen, ob wir bereit sind das Leben unserer Tochter und Söhne der Weltgeltung zu opfern. Und wenn wir es eher bevorzugen würden aus unserer Heimat eine Art gigantische Schweiz zu machen, die zwar wehrhaft ist, aber konsequent neutral bleibt, dann müssen wir unseren Großkopferten das demokratisch diktieren. Von alleine kommen die da nicht drauf! Sind ja schließlich keine Schweizer.

Lassen wir uns doch auch nicht kirre machen von der Behauptung, dass eine direkte Demokratie nicht funktionieren würde. Argumentationen wie „Dann hätten wir sofort die Todesstrafe!" und ähnliches zeigen nur eins: Dass derjenige, der sie nutzt, nicht begriffen hat was eine Demokratie ist. Denn ja, wenn die Völker darüber abstimmen dürften hätten wir aller Wahrscheinlichkeit sofort wieder die Todesstrafe. Na, und!? Demokratie ist eben keine schlankmachende Schokolade. Wenn die Mehrheit beschließt, dass sie Kinderschänder mit Draht erhängen will, dann ist das nicht schön aber eben demokratisch legitimiert! Macht und Herrschaft muss man eben auch lernen ... können! Also her mit der Macht!

Es ist doch auf jeden Fall besser wenn die Mehrheit für ihre eigenen Fehler gerade stehen muss, als wie bisher weitestgehend machtlos die Rechnungen der Mächtigen bezahlen zu müssen. Vor allem dann, wenn die Rechnung in naher Zukunft den Krieg der Zukunft beinhalten könnte! Ich will selber bestimmen, ob ich mich an diesem Kampf beteiligen will, oder eben auch nicht. Denn das ist die wichtigste politische Entscheidung der nächsten 100 Jahre!

Soviel zur EU als potentiell „Freier". Ganz anderes sieht die Lage für Russland, Indien, Brasilien, Japan und Großbritannien aus. Sind zu wichtig, um ignoriert zu werden und – bis auf Russland – zu schwach, um dauerhaft selbstständig zu bleiben. Für sie steht viel mehr auf dem Spiel. Aller Wahrscheinlichkeit nach hängt das Schicksal dieser Gesellschaften an der Frage wie stark ihre Abhängigkeit zu einem der Kriegsführenden ausgeprägt ist. Russland kann, wenn es will, neutral bleiben. Als Rohstoffexporteur ist es nicht von anderen in seiner Wirtschaft abhängig.

Auch Brasilien wird, genauso wie die meisten Länder Lateinamerikas, versuchen neutral zu bleiben. Gerade in Süd- und Mittelamerika zeichnet sich die Möglichkeit eines stabilen und festen supranationalen Zusammenschlusses ab. Der Versuch der kleinen und schwachen Staaten durch Schwarmbildung frei zu bleiben, könnte durch Brasiliens Beitritt in Südamerika durchschlagend erfolgreich sein. Man kann dann für die Zukunft ebenfalls bemerken: mit weitreichenden Konsequenzen. Genauso wie die EU als Zusammenschluss einen imperialen Charakter nach außen zeigt, könnte auch ein politischer Zusammenschluss in Mittel- und Südamerika ein neues imperiales Schwergewicht begründen. Die multipolare Welt wäre um einen weiteren Pol in unmittelbarer Nachbarschaft der USA reicher.

Ganz anders wiederum stellt sich die Lage in Indien dar, dass eine der wenigen Demokratien in Asien ist. Indien droht durch seine Konfrontation mit Pakistan in den Einfluss einer kriegsführenden Seite zu gelangen. Welcher ist nicht vorhersehbar. Japan wiederum ist abhängig und verbunden mit den USA, es ist zwar stark wirtschaftlich in China engagiert aber die politische Verbindung zur USA dürfte schwerer wiegen. Japan wird aller Wahrscheinlichkeit nach den USA gegenüber offiziell den Status einer wohlwollenden Neutralität einnehmen. Seine Wirtschaftskraft wird zu großen Teilen von den USA vereinnahmt werden.

Ähnliches gilt für Großbritannien, das in einem starken Abhängigkeitsverhältnis zu den USA feststeckt. Zwar ist das Land wirtschaftlich in einem Krieg der Ökonomien nichts mehr wert – durch die Dominanz des Banken und Finanzsektors in seiner Wirtschaft produziert das Land extrem wenig Anwendungswertes! Wirtschaftlich stellt Großbritannien deshalb für jeden Kriegsführenden eine starke Belastung dar. Allerdings verfügt das Land über ein beeindruckendes militärisches Potential und ist dadurch bestens geeignet als Vorposten den US-Interessen gegenüber der EU zu dienen. In der Summe ökonomisch und politisch noch weniger wichtige Länder wie Iran, Australien, Südafrika können nur noch als regionale Türöffner Bedeutung entfalten. Sie werden nur in absoluten Ausnahmefällen von der Vereinnahmung durch eine Seite verschont.

Die Ausnahme fängt dort an, wo sie mit anderen Staaten gleichberechtigte Partnerschaften schließen. Auch hier ist der einzig tragfähige Ansatz der Zusammenschluss, und damit die

Etablierung einer supranationalen Außenpolitik. Welch verlockende Perspektive, ein Zusammenschluss der gesamten über den Erdball verteilten nichtimperialen Gesellschaften. Ein von Australien bis Kuba und von Norwegen bis Südafrika reichender machtpolitischer Zusammenschluss. Das würde den ökonomischen Imperialisten echte Kopfschmerzen bereiten.

Also, auch im globalen Blickwinkel ist die Lösung der imperialen Herausforderung nur über eine demokratische Willensbildung gleichberechtigter Partner möglich. Wer, wie bisher, statt seiner Stimme die Waffe erhebt, wird als einsames kleines Licht von den großen imperialen Räubern geschluckt! Und das ist das Schicksal der bisher „Freien" im Krieg der Zukunft. Entweder der freiwillige gleichberechtigte Zusammenschluss, oder Unterwerfung! Immerhin – statt „fressen oder gefressen werden" gibt es damit noch eine dritte Möglichkeit. Vielleicht die Tragfähigste!

Der Krieg der Informationen /Das Ministerium für gute Laune

Der Krieg der Zukunft ist auch ein Krieg der Informationen. Das ist an sich nichts Neues. Die Fähigkeit, Informationen zu produzieren und den Konsum von Informationen zu steuern war, ist und wird eine Schlüsselkomponente der modernen Kriegsführung sein. Neuartig ist die große Bedeutung, die der Informationskontrolle zukommt. Genau genommen wird diese Kontrolle sogar Kriegsentscheidend sein.

Das ergibt sich aus den undemokratischen/unfreien Machtstrukturen aller Imperien! Denn für alle Kontrahenten und Akteure wird es von herausragender Wichtigkeit sein. ihre Bevölkerung politisch und sozial ruhig zu halten. Kommt eine Seite in eine Situation in der die eigene Bevölkerung gegen die Belastungen des Krieges aufmuckt, ist die Lage dieser Macht als höchst kritisch anzusehen. Wenn die Bevölkerung für sich entscheidet, dass sie den Krieg nicht will, verringert sich das nach außen einsetzbare Potential sehr stark. Je mehr Kraft eine kriegsführende Gesellschaftsschicht zur Stabilisierung der politischen und sozialen Heimatfront aufwenden muss, desto schwächer tritt sie nach außen auf.

So ist schnell eine Situation erreicht, in der der Sieg im ökonomischen Ringen nicht mehr zu erreichen ist. Die Fähigkeit militärische, politische und ökonomische Gewalt an den Gegner zu tragen hängt also zukünftig maßgeblich davon ab, dass die eigene Bevölkerung ruhig bleibt. Die sozialen Bruchlinien in der Gesellschaft dürfen nicht zu groß werden.

Wie schon erwähnt ist es dazu unerlässlich eine Grundversorgung sicher zustellen. Darüber hinaus müssen Einschnitte in

Konsummöglichkeiten, sowie die Verringerung des Konsums als solches, indirekt und sehr langsam bewerkstelligt werden. Der indirekte Charakter der Entwicklung lässt sich einfach über den Puffer „Geld" realisieren. Die Bevölkerung muss also weiterhin darauf vertrauen, dass sie sich durch Arbeit Geld, und durch Geld Konsum verschaffen kann. Die Verringerung des Konsumrahmens kann somit über Preissteigerungen und das schleichende Ausdünnen des Warenangebotes geschehen. Das verringern des Warenangebotes kann über moderierte „Moden", Saisonartikel-Argumentationen und durch eine „Nachhaltigkeitsstrategie" lange verschleiert werden. Genauso ist es dann möglich über Qualitätsreduktionen Preissteigerungen zu kaschieren. Alles Techniken, die heute schon Anwendung finden. Sofern es langsam geschieht, hat dieser Vorgang für die Frau und den Mann von der Straße weder ein Gesicht noch einen Namen. Ihnen bleibt damit verwehrt, für sich selbst einen Schuldigen, einen Verantwortlichen finden zu können. Die Entwicklung bleibt dadurch seltsam unfassbar und damit schlecht angreifbar.

Das ist entscheidend! Die unvermeidbaren ökonomischen Belastungen des Krieges der Zukunft müssen gut gemanagt werden und solange als möglich versteckt aufgebürdet werden. Dazu ist es entscheidend, dass das Individuum der arbeitenden Masse nicht wahrnimmt, dass gegen seine Interessen gehandelt wird. Die Informationen, die es bekommt müssen dahingehend kontrolliert werden, dass diese Vorgänge nicht allgemein verstanden werden. Am besten erfährt der Einzelne nicht mal, dass Krieg ist!

Denn schließlich kann jeder dieser genannten Schritte, von den wahren Kriegsgründen, über die ökonomischen Maßnahmen zur Kriegsführung, bis hin zum Verlauf der Konfrontation, die nicht gefragte Masse der Menschen einer Gesellschaft auf die

Barrikade gehen lassen. Daher rührt die Bedeutung von Kirchen, Verbänden und Gewerkschaften. Sie alle sind gutgeschmierte Instrumente, um den sozialen Status quo durch milieuspezifische Informationen zu konservieren.

Das Experiment „globale Hegemonie" könnte also schon im Anfangsstadium der Kämpfe durch einen sozialen oder politischen Infarkt infolge eines Volksaufstandes eines Kontrahenten beendet sein! Diese Gefahr ist real und nicht zu unterschätzen. Solange die Interessen der Herrschenden nicht konform sind mit denen der Beherrschten kann ihre Macht jederzeit kollabieren. Damit es nicht soweit kommt, muss die Elite die Information kontrollieren. Früher hieß das: Design-Informationen in das Publikum zu pumpen und parallel den ungehinderten Informationszugang verhindern. Design-Informationen sind nichts anderes als Propaganda, die Beleuchtung der Realität in Ausschnitten und mit Filtern, um Informationen mit bestimmten Wirkungsziel zu verabreichen. Das bedingt natürlich auch, den Zugang zu anderen Informationsquellen, vor allem zu Feindpropaganda, zu verhindern.

Schließlich ist der einzige Sinn und Zweck der Feindpropaganda, also der Feindnachrichten an die eigene Bevölkerung, Spannungen aller Art zu schaffen oder zu schüren! So sehr man als Chef darauf aus ist, der Belegschaft der Firma „Imperium" die eigene Sichtweise zur Kenntnis zu bringen, genauso stark muss man darauf achten, dass die Konkurrenz keinen Zugang zur Belegschaft bekommt.

Und nicht nur das. Jede anders gewichtete Information ist zu blockieren. Um die Bevölkerung in seinem Sinne zu lenken müsste es ein System schaffen zum einen spezifische Propaganda zu generieren und Fremdpropaganda den Zugang zu sperren. Das war zu Zeiten des zweiten Weltkriegs schon mit den totalitären Mitteln des NS-Staates nur eingeschränkt möglich. Schon seit Jahrzehnten ist dieser Ansatz nicht mehr umsetzbar.

Die Zugangsmöglichkeiten zu Information sind so breit geworden, dass es unmöglich scheint, das alles zu blockieren. Man geht auch das Risiko ein, das alleine das Blockieren in der eigenen Bevölkerung schon als Beleg des unrechten Standpunktes wahrgenommen wird. Wir haben also einen Punkt erreicht, an dem es weder möglich noch sinnvoll erscheint, den Informationszugang öffentlich zu sperren.

In naher Zukunft wird alleine der Versuch, Informationszugang ernsthaft zu limitieren lächerlich wirken. Man denke nur an Wikileaks und die diversen Netzaktivisten. Die Herrschenden dürfen den Informationszugang also weder öffentlich limitieren, können ihn aber eben so wenig dulden. Die aktuelle Lösung dieses Problems ist die Technik der medialen „Überschwemmung". Gefährliche, oder besser unerwünschte Informationen werden in einem Wust von bedeutungsloser Unterhaltung, Gegendarstellungen, Propaganda und Verdrehungen versteckt.

Die Überschwemmung mit allerlei Informationen ist die neue Säule der Macht. Wer den Überblick verliert, verlieren muss, der wird aus Angst etwas falsch zu entscheiden lieber gar nicht entscheiden. Er wird aufschieben, weiteren Informationsbedarf ankündigen und doch mit jedem weiteren Wort nur noch verschwommener sehen. Damit ist das Hauptziel der Herrschenden erreicht. Denn ob der arbeitende Sklave sie liebt oder hasst ist ihnen herzlich egal, nur dass er nicht aufmuckt ist entscheidend.

Mit der Informationsschwemme lässt sich die Masse der

Bevölkerung ohne Gewalt politisch orientierungslos machen. Sie gehen in einen passiven Zustand über und die Gestaltungsmacht der Oberschicht bleibt ungeschmälert erhalten. Damit ergibt sich die scheinbar widersprüchliche Situation, dass eine starke und entwickelte Herrschaft, sobald eine außen- oder innenpolitische Konfrontation droht, einen viel größeren medialen Rahmen steckt. Die Bandbreite wird ungemein zunehmen. Jede noch so kleine soziale Minderheit wird ihr Sprachrohr bekommen. Jeder Furz eines B-Promis wird als Topmeldung durch den Äther sausen!

In diesem Wust von bedeutungslosen Informationen werden nicht nur die wichtigen Punkte gut versteckt, sondern das Individuum verliert die Fähigkeit zu sehen, was wirklich ist. Strukturen, Ergebnisse und Entwicklungen lassen sich so dem einzelnen Menschen gegenüber tarnen. Diese Tarnung ist höchst effektiv. Um sie zu durchdringen muss das Individuum viel Zeit und Wissen investieren, ein Luxus, der in der kapitalistischen Konsumgesellschaft nicht jedem gegeben ist. Wer Zeit hat, besitzt häufig nicht das notwendige Wissen oder er stößt an ökonomische Hürden, weil Information immer auch kostet! Wer Wissen und Geld hat, dem mangelt es an Zeit, und wer über alle Grundfaktoren verfügt, die nötig sind die Tarnung zu durchschauen, gehört mit höchster Wahrscheinlichkeit zur gesellschaftlichen Elite. Denn wer besitzt Zeit, Wissen und Geld und kann sie nach gusto einsetzen?

Die gehaltvollen Informationen zu finden, sie in der Masse zu identifizieren kostet also. Damit ist der Verbreitung dieser Information von vornherein enge Grenzen gesetzt. So lassen sich vor allem wichtige politische und ökonomische Weichenstellungen prima vor der Masse verstecken, obwohl die Oberschicht sie problemlos herausfischen kann. Das Mittel der Überflutung hat sich bewährt! Zusammen mit dem Angebot der öffentlichen Design-Information und der gesetzlichen Repression von „Geheimnisverrates" als letztes Zensurmittel lässt sich die Friedensgesellschaft moderner Prägung gut lenken.

Aber die Kriegsgesellschaft der Zukunft bringt neue Herausforderungen. Die Akzeptanz der Design-Information kann noch mit wenig Aufwand stark erhöht werden, indem man sie noch milieugerechter präsentiert. Auch diese Entwicklung hat bereits begonnen. Nachrichten werden den Zielgruppen der verschiedenen Sender entsprechend ausgewählt und präsentiert. Dieser Ansatz kann noch viel stärker Anwendung finden. Bis heute ist eine gewisse Austauschbarkeit gegeben, eine grundsätzliche Universalität vorhanden. Das ist eigentlich unbedingt notwendig, um einen mileufremden Zufallskonsumenten nicht zu verunsichern.

Das muss in der Kriegssituation nicht mehr in dieser stärke Beachtung finden. Dieser Ansatz ist dann perfekt umgesetzt, wenn jedes Milieu an einige Informationsquellen gebunden wurde, die nicht nur das Vertrauen dieser Menschengruppe besitzen, sondern auch nur milieuspezifische Informationen verabreichen, die anderen uninteressant erscheinen. Eine Universalität kann sich dann in bestimmten formalen und informellen Regeln erschöpfen. Ziel wird es sein, die Zielgruppen dort zu füttern wo sie stehen, und damit den sozialen Status Quo zu konservieren. Wer satt ist, sucht nicht mehr. Wessen Informationsbedürfnis gestillt wurde, fragt nicht weiter!

Das zu erreichen wird ein wichtiges Ziel an der Heimatfront werden. Damit zeichnet sich ein neuer Lösungsansatz aus der Perspektive der Herrschenden ab. Die Lösung ist so einfach wie revolutionär. Entscheidend wird es sein, die Menschen dahingehend zu konditionieren, dass sie gar nicht erst versuchen, etwas in Erfahrung zu bringen.

Wer nicht fragt, bekommt auch keine Antworten. Wer nichts neues wissen will, der nimmt nichts neues auf, egal wie viele Informationen auf ihn einstürzen. Er mauert mental! Die Bestandteile dieser Konditionierung sind bereits vorhanden.

Die grundlegende Basis dieses Ansatzes ist die Abkehr von der Idee der Repression. Die Repression wird viel schwerer zu handhaben, denn genauso wie die wirtschaftliche Ausbeutung ihre Grenze hat, stößt auch die Repression schnell in Bereiche vor, in der sie aus der Perspektive der Herrschenden kontraproduktiv wirken muss. Es ist nicht so sehr die Unmöglichkeit der Repression, sondern ihr durch die gewachsenen Möglichkeiten gigantischer Umfang wenn sie denn technisch als Informationshemmnis wirken soll. Ein Polizeistaat und ein großer Repressionsapparat verbürgen heute nicht mehr die totale Kontrolle, sondern vor allem eine gigantische ökonomische Verschwendung.

Eine solche Verschwendung kann sich ein Imperium in der langen militärischen Konfrontation des Krieges der Zukunft nicht mehr leisten. Zudem bedeutet eine öffentlich wahrnehmbare Repression eine negative Weichenstellung in der Bearbeitung der Zielgruppen. Repression stellt einen deutlich sichtbaren Eingriff dar, der das Ziel, das Vertrauen der Zielgruppe zu gewinnen, ad absurdum führt. Niemand glaubt einem staatlichen Keulenschwinger! Mehr als eine öffentliche punktuelle Repression mit dem Ziel klar erkennbare Marken zu setzen, die dem Individuum zeigen was man zu tolerieren bereit ist und was nicht, macht keinen Sinn mehr. Diese Grenzen müssen darüber hinaus weit genug auseinander liegen um Glaubwürdig zu sein und müssen unbedingt durch plausible Rechtsfloskeln legitimiert werden. Zusammen mit den anderen Ansätzen reicht das auch! Moderne Gesellschaften brauchen keine Polizisten, sondern eine Bevölkerung, die den Blockwart in ihrem Hinterkopf trägt!

Damit das aber funktioniert ist es unabdingbar eine „Basisversorgung plus X" für die breite Masse der Imperien sicher zu stellen. Nichts aktiviert Menschen und ihre Emotionen mehr als begründete oder gefühlte Existenzangst. Dieses Aktivierungspotential muss in einer globalen Konfrontation der Imperien gedeckt werden. Um das zu erreichen gilt es für die Herrschenden die Formel Grundversorgung plus einstelliges X für die Bevölkerung sicherzustellen. Damit ist die größte Triebkraft nach Alternativen zum hier und jetzt zu suchen schon einmal aufgehoben. Wer weder Hunger, noch Kälte, noch Krankheit leidet, der ist schon einmal grundsätzlich friedlich.

Darüber hinaus strebt der Mensch nach Glück. Du kannst es auch Selbstverwirklichung nennen, manche streben auch einfach nach immer mehr Geld, Sex, Anerkennung, Liebe und was weiß ich alles. Um auch diese Quelle der sozialen Instabilität nutzbar zu machen ist das „plus X" in der oben genannten Formel so wichtig. Wer seine Grundbedürfnisse gestillt sieht, sich sicher fühlt und sogar noch kleine Reserven zur individuellen Wunschbefriedigung besitzt wird politisch und sozial ruhig bleiben. Darüber hinaus ist es so möglich eine Art Akkordlohnideologie zu etablieren. Wer sich Mühe gibt, die Schnauze hält und ordentlich malocht der kann X plus X erreichen. Schon ist der Köder ausgelegt. Somit stabilisiert diese Ausbeutungslogik alias Leistungsideologie nicht nur die Gesellschaft, sondern sie stärkt darüber hinaus auch noch die ökonomische Basis der Herrschenden durch die verstärkte Selbstausbeutung der Masse. Das „plus X" wird damit für die Oberschicht nicht nur zu einem Muss, sondern auch noch zu einem hoch renditeträchtigen Investment!

Es ist wie es ist, an einem goldenen Käfig rütteln die wenigsten! Gib ihnen dieses Spielgeld und deine politische und ökonomische Verfügungsgewalt bleibt unangetastet. Die Masse selbst fürchtet dann die Veränderung! Ist das nicht geradezu eine Blaupause der westlichen Gesellschaft unserer Tage? Trotz der neuen innergesellschaftlichen Mauern, die jede soziale Mobilität fast unmöglich machen, platzt der Kessel nicht. Noch reicht die individuelle Hoffnung auf Vergrößerung des eigenen Konsumrahmens. Sie verdrängt alles andere und ist die wichtigste Sicherung gegen den unkontrollierbaren Wunsch des Menschen zu verstehen. Sie wird im Krieg der Zukunft entscheidende Bedeutung haben. Ohne Hoffnung werden die Menschen der Zentren die mehre generationenlange Auseinandersetzung nicht mitmachen. Die Hoffnung auf die Verbesserung der eigenen Situation muss für die Mehrheit der Aktivbevölkerung heile bleiben. Sollte die „Elite" diese Hoffnung eines fernen Tages nicht mehr füttern können, gilt aus ihrer Perspektive Alarmstufe Rot.

Damit es niemals soweit kommt, braucht es ein gutes Informations-Management. Es soll das Funktionieren der Informationsschwemme, den Schutz der Persönlichkeit der Herrschenden, die Verfolgung von Geheimnisverrat und die milieuspezifischen Unterhaltung sicherstellen und unnötige finanzielle Belastungen vermeiden. Denn die Steuerung der Informationskanäle darf natürlich nicht zu viel Kosten. Verschwendung abseits der Elite will sich kein Imperium leisten. Um den Spagat zwischen der „Versorgung" der Masse und den bestimmenden ökonomischen Wünschen der Elite optimal auszubalancieren wird es so etwas wie ein „Ministerium für gute Laune" geben. Vielleicht heißt es auch anders, oder wird an ein bestehendes Ministerium angegliedert. Diese Institution wird Lehrpläne schreiben, Filmförderung und „Kultur"-Subventionen verteilen, sowie die öffentlich-rechtlichen Sender

„verwalten". Im Rahmen ihrer gesetzlich garantierten Unabhängigkeit natürlich. „Was hast du denn, es geht doch nur um Personalien!"

Die Arbeit dieses Ministeriums für gute Laune besteht dann zum Beispiel darin, zwei Millionen für die neue Contestshow „Hyperstar 2030" zu bewilligen, wenn mindestens 65% Einschaltquote in der definierten Zielgruppe erreicht wird. Und das Ministerium wird, genauso wie der Generalstab „Inneres", eine Menge empirischer Daten auswerten um zu sehen welche geistige Kost die Masse jetzt braucht, um weiterhin die Schnauze zu halten. Steigt der Umsatz der Glücksspielanbieter, bekommt die Menge wohl eine Gewinnshow mit glücklichem Millionär am Ende; eine erhöhte Anzahl verurteilter Kleinkrimineller schreit nach einer Dokureihe „die Polizei im Einsatz" und so weiter und so fort. Huxley lässt grüßen.

Und natürlich nimmt sich das „Ministerium für gute Laune" auch der Blitzableiter an. Es strukturiert und leitet die Minderleisterkampagne und ist auch ansonsten immer bereit eine arme Sau durch digitale Dorf zu treiben. Bleibt nur noch die Frage ob Du das so willst? Es geht hier natürlich nicht um Hinz und Kunz, sondern um dich und um mich. Was hast du konkret vom Krieg der Zukunft zu erwarten?

Dein Krieg der Zukunft

Allgemein kannst du eine materiell verschlechterte Lebenssituation erwarten. Ob sich auch deine Lebensqualität als ganzes absenkt hängt von vielen Faktoren ab, unter anderem wie du jetzt lebst. Denn natürlich wird die beginnende quasi-Vollbeschäftigung in einer Kriegskonjunktur für viele Millionen Menschen eine Erlösung aus ihrer frustrierenden Lebenssituation bedeuten. Für Hartz-IV Empfänger kann sich also vieles zum Besseren wenden. Sie werden ihre neue Arbeit sehr zu schätzen wissen.

Da zudem die Mehrzahl aller Menschen ihr Selbstvertrauen und ihre Zufriedenheit aus der Arbeit zieht, wird die reale Entlohnung nur eine untergeordnete Rolle spielen. Wenn sich der Konsumrahmen in Relation zur Arbeitslosigkeit auch nur marginal vergrößert, werden sie glücklich schaffen gehen. Ähnliches gilt für die prekär Beschäftigten. Die neuen Lebensbedingungen werden sie als wohltuende Veränderung wahrnehmen. Im Grunde genommen werden die bisherigen Lebensbedingungen der Prekärbeschäftigten einfach nur auf die Masse der Beschäftigten ausgeweitet. In der Wahrnehmung der bisher prekär Arbeitenden verlieren sie damit das entscheidende Manko: die soziale Schlechterstellung! Die Kriegskonjunktur wird darüber hinaus eine hohe Wahrscheinlichkeit bedeuten immer wieder schnell einen Arbeitsplatz zu finden. Durch dieses höhere Maß an gefühlter Sicherheit und Gleichheit werden sie ihre Möglichkeiten ihr Leben zu gestalten viel besser bewerten als zu liberalen marktwirtschaftlichen Friedenszeiten.

Diese beide beiden großen Gruppen werden zu den sozialen Gewinnern der Kriegslage zählen. Insgesamt gesehen werden die Unterschichten den Krieg zu schätzen lernen. Er gibt ihnen Arbeit, eine sichere Versorgung und einiges an Perspektiven. Sozialen und beruflichen Perspektiven, um genau zu sein. Denn irgendwer muss ja auch im Krieg der Zukunft die Waffe führen. Das Militär der Zukunft besteht zwar zu einem dominierenden Teil aus hochspezialisierten Fachleuten. Ein Teil davon muss aus den bildungsnahen Schichten kommen. Sie sind die Führungskräfte des kommenden Krieges. Ohne Sie würde sich schnell ein großer Verlust an militärischem Know-how manifestieren, und sich gegenüber feindlicher Aktion und Dynamik eigene Schwäche einstellen. Man braucht sie also dringend, die Manager und Ingenieure des Tötens. Die Mehrzahl der Uniformträger aber muss und soll auch nicht diesen sozialen Schichten entspringen. Denn Menschen mit Bildung sind selbstsicherer und stellen Fragen, sie fordern darüber hinaus auch noch eine gute Bezahlung ein!

Nein, die Masse der uniformierten Männer und Frauen müssen nur gut ausgebildet sein. Ihre lange und kostspielige Ausbildung ist mit ein Grund zur Etablierung einer Berufsarmee gewesen. Für wen aber wird ein Leben als Berufssoldat auf Dauer erstrebenswert erscheinen? Es liegt doch auf der Hand, dass der Beruf des Soldaten, die „Berufung" wie es im Jargon des Militärs verbogen wird, vor allem für Menschen erstrebenswert ist, die keinen oder wenig Wert auf normale soziale Bindungen legen, oder denen ihr sozialer Status, ihr Einkommen weitaus wichtiger erscheint. Die echten Raufnaturen werden nirgendwo falscher aufgehoben sein, als in dem hochtechnisierten aber völlig gesichtslosen Militärapparat. Ihr ausgeprägter Individualismus stört dort nur! Nein, es bleiben die geistig Entwurzelten, die ethisch bankrotten und die Armen. Diese Menschen werden dem Militär in naher Zukunft seinen neuen, unverwechselbar häßlichen Charakter aufdrücken.

Du lebst in Kürze wieder in einer militarisierten Gesellschaft, die rund um den Globus Interventionen und parlamentarische Demokratisierungen bombt. Die Ausübenden werden mit arrogantem Standesdünkel auf dich herabsehen und dich wo es geht fühlen lassen, dass sie jetzt „wieder wer sind"!

Also, wenn du bisher arbeitslos warst, oder prekär beschäftigt, wenn du zu dem verachteten Teil der Gesellschaft gehört hast, dann findest du das alles gar nicht so schlimm. Freu dich auf den Krieg der Zukunft! Er wird dir sicher mehr Brot bringen. Du wirst aufatmen können, weil sich die Gesellschaft das Risiko dich und deinesgleichen zu drangsalieren nicht mehr leisten kann. Kein Jobcenter-Mitarbeiter mehr, der versucht dich ins offene Messer der Sanktionen laufen zu lassen. Und du hast die Möglichkeit jemand zu werden, als Soldat. Sicheres Geld, gesundes Essen und eine vorbildliche Gesundheitsversorgung locken. Und über die Nachteile der Uniform, die Einsamkeit, das eigene Regelwerk und die Gefahr des Todes kannst Du, gemessen an der Realität deines bisherigen Lebens, doch nur lachen.

Ganz anders sieht die Sache aus wenn du bisher eigentlich ganz zufrieden mit deinem Einkommen, deiner Arbeit, deinem Leben insgesamt warst. Für dich ändert sich auch viel, und zwar nicht zum Besten.

Dein Konsum

Zuerst einmal die beruhigende Feststellung: Wir konsumieren auch nach hundert Jahren Krieg noch. Die Frage, die dieses Kapitel beantworten soll, ist vielmehr: Wie verändert sich der Konsum in naher, kriegsgeschwängerter Zukunft?

Ganz banal, die zum Realisieren von Konsumwünschen zur Verfügung stehende Summe sinkt für die Mitglieder der breiten Masse. In der heiß gewordenen Kriegssituation wird sich diese Entwicklung verstärken. Es fängt bei der Unterschicht an, manifestiert sich aber schnell aber auch in der Mitte, und Entgegen der Phrasen, die die Ideologen der Oberschicht so gerne herausposaunen, ändert auch ein selbstausbeuterisches Bemühen nichts Grundlegendes an dieser Tatsache. Diese Entwicklung entsteht durch das Umlegen der Kriegskosten auf die Konsumentenpreise. Die Differenz der steigenden Preise zu den sinkenden Löhnen ist der entscheidende militärische Rohstoff den die moderne Gesellschaft zur Kriegsführung braucht. So arbeiten wir immer mehr Stunden für die Kriegsmaschinerie. Diese unbezahlte Arbeitsleistung ermöglicht erst die Rüstungsanstrengungen.

Wie geht es dann aber weiter mit dem Konsum? Die logische Konsequenz muss die sein, dass wir immer weniger pro Kopf verbrauchen können. Wer als Persönlichkeit in der heutigen Konsumgesellschaft aufgeht, für den ist das Geldausgeben, das Konsumieren an sich sinnstiftend geworden. Für ihn beginnt eine harte Zeit. Denn er und sie sind nicht frei in ihren (Kauf)-Entscheidungen. Sie haben ihre Freiheit eingetauscht gegen eine käufliche Hochglanz-Designidentität, die sie nur durch weiteren Konsum aufrecht erhalten können. Sie sind lieber in ein Geschäft gegangen und suchten sich dort eine schicke

Antwort auf die Frage nach dem Sinn ihres Lebens aus. Jetzt sind sie zu alt, zu dumm, zu stark, zu krank, zu schlau, zu dünn und zu schwach sich einer solchen grundlegenden Herausforderung noch einmal zu stellen. Sie wollen es brauchen.

Das ganze hat etwas von einer Horde Junkies, für die es einfach immer weniger Stoff gibt. Es beginnt ein Verdrängungswettbewerb um die Möglichkeit so zu leben wie bisher. Die Mehrheit wird ihn verlieren. Diese Verlierer werden genau dieselben „Lösungsstrategien" wie die der „echten" Junkies nutzen wenn Sie finanziell nicht mehr mithalten können. Als da wäre die Beschaffungskriminalität, und damit ist nicht zwangsläufig der platte Raub gemeint. Wir werden vielmehr gesellschaftlich mit einer gigantischen Erosion der sozialen Regeln des Zusammenlebens konfrontiert werden. Es wird der Tag kommen, an dem dein Fahrrad gestohlen wird wenn du kurz absteigst um im Wald zu pinkeln; der debile Rentner grundsätzlich mit einem leeren Portmonee wieder nach Hause kommt und die Kassiererin sich freut wenn sie es mal wieder geschafft hat zu wenig Wechselgeld zurückzugeben. Wenn man ehrlich ist, hat diese Entwicklung schon längst begonnen. Unsere selbstprämierte Oberschicht hat bereits den gesellschaftlichen Konsens aufgekündigt und strebt im Gros nach nichts anderem mehr, als sich selbst zu bereichern. Teile der Unterschicht haben noch nie den gesellschaftlichen Grundkonsens verstanden und erfahren, und tun es der Oberschicht gleich – in einer Art Karikatur der Reichen, nur Masse und Inhalt durch Gewalt und Selbstzerstörung ersetzend.

Eigentlich ein herrlicher Witz, dass diese Ober- und Unterschicht gleich sind in ihrer Gier nach dem maximalen persönlichen Vorteil. Die Konzernspitze der deutschen Bank und eine Frankfurter Straßengang, es verbindet sie mehr, als das sie trennt!

Bisher aber erodiert das geistige Fundament des sozialen Zusammenlebens nur ganz oben und ganz unten. Der Rest wusste schon was eine Zivilisation von der Barbarei trennt. Das aber wird sich ändern. Der Dreck tropft von oben nach unten und in einer Art Kapillareffekt steigt er auch von Unten in die Mitte.

In naher Zukunft stehen wir also vor der Herausforderung, dass Millionen von Individuen den sozialen Konsens heimlich aufkündigen um ihren „Schnitt" zu machen. Das Feld zwischen der kleinen Frechheit bis hin zu dem Moment wo die Polizei die Tat nicht mehr ignorieren kann ist groß – und hat für uns als Gemeinschaft fürchterliche Konsequenzen.

Was es für einen Sozialverbund bedeutet wenn das Grundvertrauen schwindet, weil der Alltag die Bestätigung beinhaltet dass es immer mehr Menschen gibt, die nur auf eine solche Möglichkeit lauern, kann du dir ausmalen.

Im Grunde genommen ist es ja im Kleinen schon soweit. Wer vertraut heute schon noch seinem Bänker, einem Politiker, seinem Vorgesetzten, einem Händler, den Lehrern, seinen Nachbarn ... . Die Erfahrung lehrt, es gibt immer jemand, der darauf wartet, dass du einen Fehler begehst, unaufmerksam bist oder dir eine Blöße gibst. Dieser belastende Umstand wird sich massiv vergrößern. Die Rückbesinnung auf die Familie als Kern des sozialen Lebens, der allgemeine Rückzug ins Private wird sich deshalb weiter verstärken. Daraus folgt aber auch, die Angst, die Einsamkeit, die gefühlte Hilflosigkeit gegenüber dem Ganzen, auch diese Faktoren unseres alltäglichen Lebens werden in großen Teilen der Gesellschaft weiter wachsen. Der Andere neben dir wird dann nicht mehr dein Bruder sondern Quelle deiner Angst sein.

Damit nimmt auch die Gefahr zu, dass die Macht zunehmend

ungestört von demokratischen Widersprüchen sich in der Hand einer „Funktionärselite" konzentriert, die dann - in wessen Auftrag auch immer und wer weiß schon mit welchen Zielen - den Krieg über durchregiert.

Eine weitere „Strategie" vieler Abhängiger ist die Prostitution, und sie ist wahrscheinlich die älteste Strategie in dieser Hinsicht überhaupt. Tatsächlich wird die alltägliche Prostitution ein in diesem Umfang noch nie gekanntes Phänomen werden. Die Preise für sexuelle Dienstleistungen aller Art werden ins Bodenlose stürzen, wenn sich hunderttausende Hausfrauen und -männer ohne Bedenken ein kleines Zubrot verdienen wollen.

Für die Gemeinschaft ungleich wichtiger wird aber der Umstand, dass Millionen von Menschen bereit sein werden, Wohlverhalten zu verkaufen. Die Grundhaltung der Prostitution, sich selbst, seine Meinung, Gefühle, Benehmen zu verkaufen, wird eine erschreckende Wirkung auf unser Zusammenleben haben. Denn wohlgemerkt, diese zig Millionen von geistigen Proto-Prostituierten treffen auf die vielen Millionen, die schon heute ihr Fähnchen immer nach dem Wind hängen. Alte und neue „Untertanen" werden eine soziale Alltagssituation schaffen wie wir sie schon Einmal hatten - zu Zeiten des gutbürgerlichen Hohenzollernreiches. Wollen wir da wieder hin? Und da gab es wenigstens die Radikalkritik von Links. Das wird im Krieg der Zukunft nicht der Fall sein.

Heute sollten wir anfangen uns geistig zu wappnen gegen diese riesige Welle von Speichelleckern und Kriechern, die leider auch immer „Nach-unten-" und „Nachtreter" sind. Der Alltag wird durchsetzt werden von kleinen und versteckten Auseinandersetzungen mit diesem Pack. Sie werden unendlich viel Nerven und Kraft kosten und Hunderttausenden der

Schwächsten das Leben zur Hölle werden lassen. Zugleich werden auch sie die Flucht ins Private vorantreiben, weil der öffentliche Raum von diesen Gesinnungsblockwarten durchsetzt sein wird. Egal, was du machst, oder sagst, es wird immer jemanden geben der weiß, was du falsch gemacht hast. Du *musst* handeln und sie warten nur auf deinen ersten Fehler – so wird unser gefühlter Alltag.

Diese kranken Geister sind darüber hinaus nur die Menschen, die zumindest eine Reaktion auf die Veränderungen aufbringen. Noch viel trauriger werden die Millionen von Individuen sein, die der erzwungenen Veränderung ihres Konsumverhaltens und damit ihres Selbstverständnisses passiv gegenüberstehen. Menschen, die versuchen in einer Vogel-Strauß-Politik einfach wie bisher weiter zu manchen. Da beobachtest du dann wie der gut Situierte noch über die Runden kommt, sich dann verschuldet und schließlich ökonomisch gescheitert in die morbideste Form der Armut, die Selbstzerstörung, entlassen wird.

Punkt ist, dass das Ende der orgiastischen Konsumgesellschaft unglaublich vielen Gläubigen den Boden unter den Füßen wegzieht auf denen Ihre Realität bisher ruht. Und diese Menschen sind ein Teil von uns. Wir müssen mit ihnen leben. Ziehen wir uns also warm an. Was in naher Zukunft an Widerwärtigkeiten ansteht, wird für alle hochbelastend werden und für die Ärmsten, Schwächsten und Abhängigsten die Hölle auf Erden einführen.

Auch hier besteht die große Gefahr das diese an sich selbst Gescheiterten dafür sorgen das wir nur mit uns selber beschäftigt sind während die da oben frei schalten und walten können. Das ist sowieso eine der entscheidensten Folgen. Der Rückzug ins Private bringt denen da Oben noch mehr Gestaltungsmacht. Denn per se ist die Rückbesinnung auf die

Familie zwar gut, aber keine Lösung. Sie kann aber eine reinigende Phase abpuffern. Die Rückbesinnung bedeutet nämlich auch, dass jeder seine Loyalität mit dem System aufkündigt! Der erste notwendige Schritt um Alternativen zu suchen! Die werden wir brauchen!

Eine Gesellschaft, die versucht zu funktionieren wie eine Investmentbank wird natürlich um sich schlagend untergehen und dabei unglaublich viele mit in den Tod reissen. Nicht aus Bösartigkeit, sondern weil sie versuchen wird, das Loch unter ihren Füßen mit Menschen zu stopfen! Diese Gesellschaft wird also vergehen. Das ist absolut sicher, ganz egal wie der Krieg läuft oder gar ausgeht.

Das ist die wichtigste Erkenntnis. Diese egoistischen Individuen haben keine oder wenn, dann nur eine begrenzte Zukunft. Sie verbrennen, sind das letzte Schmiermittel einer immer schlechter laufenden Maschine. Und zwar alle, die scheiternden Kriecher und Prostituierten aller Coleur, die selbstzerstörerischen Konsumjunkies genauso wie unsere „göttliche Elite". Denn auch diese Übermenschen, die Marktschreier der Barbarenideologie haben kein Morgen mehr zu erwarten. Ihre Ideologie der entfesselten Gier hat sie zu Barbaren gemacht. Barbaren kennen aber keine Mitmenschen, sondern nur Opfer. Sobald wir das einsehen ist ihre asoziale Herrlichkeit vorbei.

Sie sind inhaltlich arm, stiften keinen Sinn und bieten keine tragfähigen Perspektiven. Sie sind zum vergehen prädestiniert. Deshalb bedeutet der Krieg der Zukunft auch den Anfang vom Ende dieser Gesellschaftsform. Geistig schaffen diese Millionen von ideellen Hohlkörpern einen gigantischen inhaltlichen Freiraum mitten in der Gesellschaft. Der Rest der Menschen kann die Möglichkeit erkennen, diesen Freiraum sinnstiftend in Besitz zu nehmen und eine bessere Zukunft zu kreieren. Sobald das geschieht werden die Bedeutungslosen ihr Fähnchen schnell wieder umhängen und wir können daran gehen nicht mehr nur ökonomisches Unrecht zu moderieren sondern Lösungen aufzubauen.

Genau diese Dynamik aber wird die Oberschicht zu verhindern, zu zerstören suchen. Gerade in der Konfrontationssituation des Krieges wird sie kein Mittel scheuen um zumindest die Struktur zu stabilisieren, ganz egal wie hohl und zerbrechlich diese schon geworden ist. Es wird also dazu kommen, dass sich in der Kriegszeit geistig bereits die Alternativen zur gescheiterten imperialen Gegenwart finden, sie sich aber nicht durchsetzen können. Wie die konkret aussehen ist schon heute absehbar, gerade beim Konsum faktisch für viele Menschen erzwungen. Denn was tun, wenn man nur noch weniger kaufen kann?

Die Rückbesinnung auf Bedarf und Qualität sind die Antworten – und sie zwingen sich geradezu auf. Wenn es sich durch die neuen ökonomischen Rahmenbedingungen verbietet sinnlos zu shoppen, kauft man eben wieder das was man wirklich braucht. Es muss wieder schmerzhaft hinterfragt werden: „Wo kann ich Masse einsparen um meine Grundbedürfnisse in Nahrung, Obdach und Kleidung zu decken?" Natürlich kann so nur handeln, wer frei in seinen Entscheidungen ist. Da wird dann eben nicht jährlich ein Telekommunikationsgerät der neuesten Generation angeschafft sondern ein altes Handy benutzt, bis es auseinanderfällt.

Zuerst wird die Nutzungsdauer aller Anschaffungen erhöht, um seltener etwas Neues kaufen zu müssen. Da fällt dann plötzlich auf, dass wir ein erhebliches Qualitätsproblem mit unseren Alltagsgütern haben. Der Fokus verschiebt sich deshalb nach der Bedarfsfrage und der Verlängerung der Nutzungsdauer auf die Qualität. Anschaffungen werden wieder so gekauft, dass man erwarten kann dass sie lange halten. Design und Image treten wieder in den Hintergrund, Qualität und Anwendungsfreundlichkeit treten wieder hervor.

In der nächsten Stufe geht es dann ans Eingemachte. Wenn Ausgaben gekappt werden müssen, um die Grundbedürfnisse zu stillen. Zuerst die Menschen mit geringen Einkommen werden sich ganz klar fragen müssen, was kann ich irgendwo, irgendwie, einsparen. Dieses Treppe abwärts aus dem Konsumtempel fallen wir solange, bis wir ökonomisch ebenerdig aufknallen. Ebenerdig bedeutet hier massiver Mangel, je nach politischen System vielleicht auch Hunger. Schließlich kann auch heute schon ein Kleinkind in Deutschland verhungern, weil adäquate Maßnahmen Amtsleitern und Politikern zu viel gekostet hätten. Halten sie es wirklich für unmöglich, dass diese Gesellschaft zur Seite sieht, wenn in 30 Jahren Minderleister dem Hungertod preisgegeben werden?

Die Entwicklung des Konsumverzichts ist eine globale Entwicklung, ausgelöst durch eine globale Mangelsituation in Folge des kommenden Krieges. Das Ende der billigen Energie und Rohstoffe trifft die globalisierte Wirtschaft. Wir werden also den Boden – *unseren* Boden der Tatsachen wieder kennenlernen und der zeigt uns, wir müssen nachhaltig und vorsichtig mit dem wirtschaften was wir haben. Die Zukunft beinhaltet das Ende des orgiastischen Konsums und der Wegwerfgesellschaft. Sie wird uns entweder die nachhaltige, genügsame Konsumgesellschaft auf weitestgehend regionaler Basis bringen oder wir werden das gewalttätige Siechen des Kapitalismus inklusive Herabsinkens der Menschen auf Barbarenniveau erleben.

Also, ich mag die Äpfel aus meinem Garten sowieso viel lieber als Bananen. Kommen wir also zum Essen.

Dein Essen

Mit deinem Magen wirst Du den Weg der Konsumdiät sehr bewusst zurücklegen. Die Preise für Fleisch und Fisch werden derart anschwellen, dass beides wieder zur Ausnahme auf dem Teller wird. Beim Fleisch wird diese Entwicklung durch die eingeschränkte Sojafütterung erzwungen werden. Alle Industrialisierung der Tierhaltung wird die anziehenden Kosten für die Fütterung mit Eiweißen nicht kompensieren können. Und wenn wir die Viecher anketten, in Hochhäusern auf 40 Etagen gestapelt, chemisch behandelt und mit dem letzten Produktionsmüll zwangsernährt „leben" lassen, die Preise müssen steigen. In einer globalen Kriegssituation wird der Preis für Soja und die Kosten des Transportes durch die Decke gehen. Sofern es denn verfügbar bleibt.

Der ökonomische Kostendruck der Kriegsführung wird schnell dafür sorgen, dass den Gesellschaftsmanagern aufgeht, welch Verschwendung das Verfüttern von Soja an Nutztiere ist. Direkt als Tofu konsumiert bedeutet dieses „Tierfutter" die zehnfache Menge Eiweiß für die menschliche Ernährung. Tatsächlich ist die Transformation von Soja in Schweinefleisch ökonimisch betrachtet ein Wahnsinn, den sich im Krieg kaum noch jemand leisten können wird.

Beim Fisch steckt die zukünftige Preissteigerung zum Einen im großen Energieeinsatz zum Fang, Verarbeitung und Transport zum Anderen aber in der Tatsache, dass die Masse des Fischfangs auf dem Meer stattfindet. Nein, nein, ich bin nicht vollkommen weggetreten.

Im Krieg der Zukunft, der in vielen Faktoren einer Belagerung gleicht, werden natürliche Ressourcen und ihre Nutzungsformen zu legitimen Kriegszielen. Wenn eine Seite zu der Überzeugung gelangt, es würde ihr dauerhaft nutzen den Fischfang in bestimmten Meeren zu verhindern, dann dauert es nur wenige Tage bis zum Beispiel der Pazifik zur No-Go-Area für die industrialisierten Fangflotten wird. Das kann auch indirekt über Piraterie oder moderne Seemienen umgesetzt werden. Wobei sich unser Bild von Seemienen zukünftig wandeln wird. Ein Seegebiet zu verminen wird bedeuten, Waffensysteme in den Einsatz zu bringen, die mitnichten passiv warten, sondern vielmehr autonom in einem vorher festgelegten Radius nach potenziellen Zielen suchen und die dann automatisch angreifen, wenn ihre Sensoren einen Feind melden. Ein netter Zug, wenn die Gebiete öffentlich benannt werden, bevor man diese Waffen scharf macht. Aber das ist nur der ganz heiße Weg.

Viel wahrscheinlicher ist, dass die Methode der Störung umfangreich zur Anwendung kommt. Dazu sind NGOs wie Greenpeace bestens geeignet. Reiten diese Ökokrieger ihre Attacken auf Fangschiffe, treiben sie die Kosten und können je nach Ausrüstungsstand das Fangergebnis massiv senken. Dazu noch Zolluntersuchungen, vielleicht auch ein bisschen Sabotage – ohne funktionierende Kühlung geht ja schließlich gar nichts – und Fisch wird mangels gefangener Masse teurer.

Eine weitere zu erwartende Form ist die Beschädigung der natürlichen Ressourcen des Gegners. Im Fischfang kann das bedeuten, dass gezielt Jungtiere vernichtet werden, um mögliche Fangergebnisse der anderen Seite langfristig zu schmälern. Diese Form der Sabotage natürlicher Ressourcen steckt noch in den Kinderschuhen und ist ausgesprochen schwierig zu handhaben.

Du darfst aber sicher sein, dass sie Anwendung finden wird.

Diese Sabotage wird sich natürlich nicht nur auf Fisch beziehen sondern alle Sektoren menschlicher Versorgung berühren. Im Krieg der Zukunft wird der Mensch indirekt geschädigt, indem die Teile der Flora und Fauna, die seine Lebensgrundlage darstellen, angegriffen werden! Auch deshalb werden die Preise für alle Nahrungsmittel steigen. Auf deinem Einkaufszettel werden keine exotischen Obst- und Gemüsesorten mehr stehen. Sie werden zu teuer geworden sein. Es heißt Abschied nehmen von der Banane und dafür mit dem einheimischen Apfel vorlieb nehmen. Selbst die gewohnten Südfrüchte werden derartig zu Buche schlagen, dass ihr Konsum sinken muss. Das einheimische Obst und Gemüse wird selbstverständlich auch teurer, aber bleibt erschwinglich und es wird vor allem verfügbar sein. Denn was nützt ein Produkt zum tollen Preis wenn es nicht verfügbar ist?

Du wirst also wieder saisonal und regional einkaufen müssen. Milch- und Getreideprodukte, neben Fleisch die beiden aktuell dominierenden Elemente unserer Ernährung werden ebenso preisbedingt zurückgedrängt. Mit den Kostensteigerungen beginnt auch das Ende der „populären" Industrienahrung. Dieses Segment wird sich radikal splitten. Ein Teil wird radikal auf Qualität setzten und so teuer werden, dass der Konsum den Wohlhabenden vorbehalten bleibt. Edelchips und feine Saucen zum Beispiel.

Der weitaus größere Teil wird gleichzeitig so billig-ekelhaft werden, dass seine Zukunft theoretisch mau aussehen müsste. Mit diesen Produkten werden nur noch die bedient, die nicht anders können oder wollen. Im Verlauf einer kriegsbedingten Mangelkrise könnten sie als staatstragend eingestuft und als Basis der Ernährung eingesetzt werden, um die Grundversorgung sicherstellen zu können. Heißt: Aus Hartz-IV und Rente werden Bezugsscheine für Industriefraß aus Abfällen und Nebenprodukten. Diese Überlebensmittel werden so designt, dass sie alle gesetzlich festgelegten Mindestmengen an Nährstoffen und Vitaminen enthalten um die Arbeitsfähigkeit des Individuum zu erhalten. Mehr nicht!

Als Gegenbewegung entwickelt sich parallel die Selbstversorgung aus Kleingärten und Grabeland. Aus dem Vorgarten müssen die Koniferen und Edelrosen den Kartoffeln und Salat weichen. Gegen die günstigen, verfügbaren und qualitativ hochwertigen Nahrungsmittel der Selbstversorgung kann der Industriefraß der Zukunft nicht bestehen. Nur die Möglichkeiten Lebensmittel selber anzubauen hat nicht jeder. Darüber hinaus muss die Mehrzahl der Menschen erst wieder lernen, selber Lebensmittel zu produzieren und das wird ein aufreibender Weg. Denn einfach da wieder anfangen wo unsere Großeltern aufhörten können wir nicht. Die Wissenslinien sind durch die Generationen, die der industriellen Glücksverheißung erlegen sind, durchbrochen. Die Mehrheit hat keine Ahnung vom „wie" der gärtnerischen Tätigkeit.

Dazu kommt noch, dass in der kommenden preisdefinierten Mangelsituation Kunstdünger zu teuer und später per Gesetz der gewerblichen Landwirtschaft vorbehalten sein wird. Gifte werden ebenfalls sehr teuer sein und auf Dauer dem Privatmann nicht zur Verfügung stehen. Selbst der Wassereinsatz muss erlernt werden, denn Wassersprenger und Wasserverbrauch aus dem Anschluss bedeuten hohe Kosten, die das Ergebnis der eigenen Bemühungen konterkarieren können.

Die teure High-tech Kriegsführung bedingt indirekt eben auch die günstige Low-tech Lebensführung. Im Garten muss die Gießkanne, die Gießrinne, der Regenwassertank und ein Brunnen zum Einsatz kommen. Gerade in der Anfangszeit wird sich die Selbstversorgung mit Obst und Gemüse nur stotternd entwickeln. Zudem muss sich diese Form der Selbstversorgung im Schatten der Klimaveränderung finden. Wenn aber gewohntes wie der sonnige Sommer, der feuchte Herbst und der kalte Winter nicht mehr sicher sind, wie dann seine kleinen Flächen optimal bewirtschaften?

Eben, gar nicht!

Die Lösung kann nur sein, breit aufgestellt zu säen um ein Mindestmaß an Erntesicherheit zu haben. Bedeutet aber auch, es wird unmöglich aus dem zur Verfügung stehenden Rahmen das Maximum herauszuholen. Ein Hinweis auf die nicht änderbare Tatsache, dass zwar ein großer Teil der Bevölkerung durch Selbstversorgung einen Teil der Einkäufe substituieren, aber niemals den Großteil des Konsums durch Eigenproduktion ersetzen kann. Im Laufe der Zeit wird zwar ein größerer Anteil der benötigten Lebensmittel aus eigenen Quellen gewonnen werden können, aber über einen bestimmten Punkt hinaus kommt man so nicht. Die zur Verfügung stehenden Mengen an Fläche, Arbeitszeit, Fachwissen und Material werden nur in Ausnahmefällen einen Selbstversorgungsgrad über 40% erlauben. Trotzdem wird die Selbstversorgung für die Menschen ein wichtiger Schritt sein, ihre Versorgungssituation zu verbessern und sich selber Gestaltungsfreiräume zu eröffnen, in dem Geldausgaben für Lebensmittel wegfallen und diese Summen für anderes zur Verfügung stehen. Zum Beispiel für die Mobilität.

Deine Mobilität

Sobald Energie im Krieg teurer geworden ist, reduziert sich das Maß individueller Mobilität. Es wird immer weniger Privatautos geben, sie werden ein sehr teures Luxusgut. Selbst Taxis werden ebenfalls zum Statussymbol einer Gruppe die es sich noch leisten kann und will. Es ist zu erwarten, dass die Veränderungen und Einschnitte in der individuellen Mobilität von oben mit einer Umweltschutz-gesetzgebung begleitet werden. Einmal um die Reduktion zu steuern und zum Anderen, um sie irgendwie zu bemänteln. Öffentliche Verkehrsmittel werden gemessen an heutigen Standards sehr teuer! Nur im echten Bedarfsfall zu nutzen und eine starke Belastung für das eigenen Portmonee. Für deinen Alltag heißt das: Fahrrad statt Auto und wieder zu Fuß gehen.

Das Fahrrad wird sich sukzessive weiter in den Vordergrund schieben. Es kann und wird die günstigste Möglichkeit sein, sich individuelle Mobilität zu erhalten. Irrwege wie das Elektrofahrrad werden kleine Marktsegmente bilden. Auch Strom wird schließlich um einen noch unbekannten Faktor teurer werden, von den hohen Anschaffungs- und Unterhaltskosten ganz zu schweigen. Das ganz normale Fahrrad, ohne Elektrofirlefanz und angetrieben durch die eigenen Beinkraft, ist die Antwort auf die steigenden Unterhaltskosten aller Fahrzeuge. Seine Vorteile liegen auf der Hand. Es ist einfach, günstig und umweltfreundlich zu produzieren, die Unterhaltskosten sind ebenfalls günstig und können noch viel niedriger werden, sobald die anfallenden Reparaturen wieder selber ausgeführt werden. Betriebsstoff extra für die Mobilität braucht man dann nicht mehr.

Diese Vorteile werden dafür sorgen, dass langsam aber sicher immer mehr Strecken bis 15 Kilometer mit dem Fahrrad zurück gelegt werden. Bei einem anhaltenden Druck möglichst Wohnortnah zu arbeiten, zumindest einzukaufen, Sport zu treiben und andere Freizeitaktivitäten auszuführen, wächst das Potential zur Fahrradnutzung noch weiter an. Je teurer Mobilität wird, desto stärker verlagert sich die Aktivität des Individuums in einen Wohnortradius der Fahrradkonform ist. Diese absehbare Dynamik wird dazu führen, dass in wenigen Jahren bis zu 50 % aller Wege mit dem Fahrrad zurück gelegt werden. Ungefähr noch 20 % mit Öffis; Rollern, Pferdefuhrwerken und Autos, die restlichen 30 % zu Fuß.

Mit der schrittweisen Verlagerung der Mobilität vom Auto zum Fahrrad verändert sich unser Alltag radikal. Kann man sich vorstellen, wie leer Autobahnen und Bundesstraßen; *alle* Straßen sind, wenn Autos zu teuer für die Masse geworden, wenn der Gütertransport, zum Teil aus Kostengründen, von der Straße auf die Schiene musste und insgesamt rückläufig ist?

Autobahnen werden umbenannt in Schnellstraßen und auch für andere Fahrmittel geöffnet. Die aktuellen Fahrassistenzsysteme und eine bauliche Trennung werden es ermöglichen, eine Spur komplett für den alternativen öffentlichen Verkehr zu öffnen. Mit dem Fahrrad das Pony auf der ehemalige rechten Spur der A7 überholen. Was für ein Bild.

Natürlich kann man davon ausgehen, dass, sobald nur 15% der heute Autos oder Öffis nutzenden Menschen auf das Fahrrad umgestiegen sind, die Unterhaltskosten für ein Fahrrad steigen werden, weil der Staat eine Fahrradsteuer als inhaltlichen Nachfolger der KFZ-Steuer einführen wird. Zudem wird die Haftpflichtversicherung für Fahrradfahrer, genauso wie der Fahrradführerschein auf jeden Fall kommen. Dazu die Helmpflicht und das Verbot am Lenker ohne Freisprecheinrichtung zu telefonieren. Je mehr sich die Dinge ändern ... .

Ein weitere herber Einschnitt an liebgewonnenen Unarten wird beim Reisen stattfinden. Fernreisen – also dieses Jahr nach Kuba und nächstes Jahr besuchen wir Mauritius – das wird für den normal verdienenden Zivilisten vorbei sein. Wer etwas von der Welt sehen will, muss zumindest Wohlhabend oder aber uniformierter Teilnehmer der europäischen Rohstoffquellendemokratisierungs-Eingreiftruppe sein.

Die hohen Preise werden sich auch im Bereich des Massentourismus als wirksame Hürde erweisen. Wenn beide Partner arbeiten gehen und das Kind gesund ist und kein fiskalisches Unbehagen bereitet, ist vielleicht noch eine Woche Almhütte drin – von München aus gesehen!

Es wird also kaum Fernreisen geben. Wenn dann nur mit dem Zug - was schon teuer genug sein wird. Wenigstens stellt sich die DB schnell auf die gestiegenen Bedeutung des Fahrrades ein und es wird keine Probleme geben den Drahtesel mitzunehmen, damit man am Urlaubsort wenigstens mobil ist. Autoreisen verbieten sich fast von selbst. Wer aus Kostengründen ohne Auto leben muss, wird wohl kaum ¾ des Urlaubsbudgets für die Reise mit dem Teil- oder Mietauto verplanen. Das alles erklärt, warum Reiseziele im engeren Radius für die Masse zur Regel werden. Das erklärt aber auch, warum es wieder Pensionen, Gasthäuser und Wirtshäuser in den ländlichen Regionen gibt.

Zudem, nicht vergessen: Fernreisen verlieren sowieso viel von ihrem Charme in einem Krieg der Zukunft. Die ökonomischen Gewalttaten der kriegsführenden Imperien werden den Großteil der Welt zu einem unangenehmen Plätzchen machen. Wer will schon in eine politische Krisenregion reisen? Terror, Kleinkriminalität und Wucher werden darüber hinaus noch weitere Gebiete der Welt eher unattraktiv werden lassen. In Balkonien sind wir wenigsten sicher!

Apropos Balkonien, es wird Zeit uns mal die Wohnsituation der Zukunft anzudenken.

Dein Wohnen

Steigende Preise für Energie – also für heizen, kochen, waschen – und sinkende Löhne führen zwangsläufig wozu? Zu einer höheren Wohnungsbelegung. Ein Luxus wie der Drei-Zimmer-Singelhaushalt wird die absolute Armutsgarantie für die Masse sein. Nur finanziell Privilegierte werden sich „alleine Leben" in diesem Rahmen leisten können. Nur wenn die anfallenden Grundkosten aus Miete, Wasser und Energie auf möglichst viele Köpfe umgelegt werden kann, geht der Masse der Mieter nicht die finanzielle Luft aus. Das bedeutet natürlich auch weniger Platz für den Einzelnen.

Die Formen des Zusammenrückens werden vielseitig sein. In der ersten Stufe wird sich das Ausziehen der jüngeren Generation weiter verzögern. Die Entwicklung der Nesthäkchen hat ja schon eingesetzt. Im Krieg wird sie zum alternativlosen Zwang für die Jugendlichen. Aber nicht nur die Jungen werden wieder enger an die Familie gebunden, auch die Alten trifft es. Das Zusammenleben von verschiedenen Generationen unter einem Dach wird nicht nur Mode, sondern ganz banal Lösungsstrategie in der fortschreitenden Verarmung.

Im Anschluss wird der Druck Wohnkosten zu reduzieren zu ganz neuen Wohnformen führen. Es wird eine große Breite des Zusammenlebens wachsen. Ausgehend von der „Wohngemeinschaft" etabliert sich ratz-fatz eine neue Vermietungsform. Diese ist prädestiniert für alle die Menschen, die ohne Silberlöffel geboren und durch Selbstausbeutung „noch" nicht zu Reichtum gekommen sind. Jene neue Vermietungsform besteht aus einer Anzahl kleiner Wohneinheiten, die um zentrale Gemeinschaftseinrichtungen wie Toilette und Duschräume angeordnet sind. So können sieben oder acht Bewohner auf der gleichen Wohnfläche leben, wie heutzutage vier Menschen. Zudem sind die Investition und Unterhaltskosten pro Wohnenden um einiges niedriger. Ergo kann die Miete trotz üppiger Gewinne der Vermieter niedriger sein als heute. Davon vier nebeneinander und in sechs Geschossen gestapelt und gutes Geld winkt. Die Masse macht es halt.

Und der Besitzer wird wohl kaum in so einer Wohnwabe schlafen müssen. Da die Reinigung der Sanitäranlagen, die Verwaltung und Moderation als Dienstleistung organisiert wird, braucht der arbeitende Mensch sich nur noch auf sein Schlafsofa fallen zu lassen um Multimedia oder seinen verdienten Schlaf zu genießen!

Besser wird es wohl die treffen, die sich freiwillig zu einer Wohngemeinschaft zusammenschließen. Es ist ja doch ein großer Wert, selbst zu entscheiden, mit wem man seine Kloschüssel teilt! Die gemeinschaftlichen Wohnformen von Kommunen und WGs, selbst die besetzter Häuser werden eine weitaus lebenswertere Perspektive abgeben als die gemietete Zelle in der Wohnwabe. Nur wird die Masse der Menschen gar nicht frei genug sein, um diese Möglichkeiten als persönliche Option wahrzunehmen.

Eine weitere Folge der sich neu entwickelnden Wohnsituation wird die verstärkte Verlagerung der Freizeitaktivitäten in den öffentlichen Raum sein. Dem engen Zuhause durch Aktivität draußen entfliehen. Es gilt die einfache Regel, je weniger Platz das einzelne Individuum in seinen vier Wänden hat, desto mehr Zeit wird es außerhalb dieser Wände verbringen wollen. Da aber gleichzeitig der Konsumrahmen sinkt, bedeutet das nicht die Entwicklung eines vielfältigen Freizeitangebots. Vielmehr wird jeder öffentliche Raum angefüllt sein mit Menschen, die scheinbar nichts zu tun haben.

Wieder eine Reminiszenz an die gutbürgerlich dominierte Zeit von vor dem Ersten Weltkrieg. Gucken, vielleicht auch eher gaffen, lesen, und in den Parks und Naherholungsgebieten auf und ab gehen werden die verbreitetsten Freizeitaktivitäten. Ihnen dicht gefolgt das Verweilen im digitalen Cyberspace, entweder als Onlinegamer, in Second-World-Realitätskarikaturen oder in Online-Netzwerken.

Die digitale Alternativwelt hätte das Potential ein tragfähiger Ventilansatz für die Masse zu sein. Das Absinken ihres Konsumrahmens, der steigende Leistungsdruck und die Einsamkeit ließen sich wunderbar durch eine alternative Onlinewelt maskieren und moderieren. Aber für viele Menschen wird diese Form der Realitätspufferung schlichtweg zu teuer sein! Natürlich ließen sich nicht nur die Folgen der Verlagerung aller Aktivitäten aus dem Zuhause heraus so mildern. Es wäre auch ganz klar möglich durch Bildschirme, und irgendwann durch Hologramme, dem Wohnwabenwesen einen weitaus größeren Raum vorzuspielen. Auch die Einsamkeit ließe sich so durch ein wandgroßes Multimediasystem, angeschlossen an die sozialen Netzwerke der Zukunft, überdecken, das dir Menschen in Echtgröße projiziert während du mit ihnen sprichst. Aber all diese Technik und die Energie die sie verbraucht kosten Geld. Des Pudels Kern ist die Frage: Wirst Du dir das leisten können?

Wenn es schon nur für die Wohnwabe reicht, woher soll dann das MultiMediaHomeSystem (schnell noch patentieren) in Echtgröße kommen? Das ist schade für dich. Denn der Krieg der Zukunft verändert auch die Formen des Zusammenlebens. Der Alb der ökonomischen Kriegskosten senkt sich als bleischwere Last auf das ganze soziale Leben der beteiligten Gesellschaften. Er wird alles verändern und bestimmen. Dein ganzes Leben.

All diese Mittel den Folgen der ökonomischen, geistigen und sozialen Vergewaltigung noch etwas abzugewinnen werden denjenigen vorbehalten sein, die mehr verdienen und wirtschaftlich besser gestellt sind.

Ein Tag in deinem Leben im Krieg der Zukunft

Nun habe ich beschrieben wie sich deine Mahlzeit auf dem Teller verändern kann. Welche Entwicklungsmöglichkeiten es für dein Wohnen und deine individuelle Mobilität gibt. Ich habe auch gezeigt, dass die Erosion sozialer Regeln üppig zunehmen wird. Darüber hinaus wird deine Arbeitsbelastung weiter wachsen, während dein Konsumrahmen schrumpfen wird. All das sind die Kosten des Krieges, den deine Oberschicht führen will. Darüber hinaus gibt es noch zwei wichtige Punkte, die nicht unerwähnt bleiben sollen.

Zum Ersten: Der Charakter unseres Wirtschaftssystems wird sich komplett ändern. Arbeit wird zur Pflicht. Wer nicht arbeitet, wird nichts zu essen haben. Der Traum des Kapitals wird wahr, eine umfassende Arbeitspflicht steht ante Portas.

Der insgesamt massiv gesunkenen produzierten und gehandelten Gütermenge steht ein erhöhter Bedarf nach Arbeitskraft entgegen. Das ist mitnichten widersprüchlicher Quatsch. Es wird jede Menge Bedarf an Handarbeit geben, die energieintensive Maschinen ersetzen kann. Denn durch den Krieg der Zukunft werden sich die Bedingungen ändern. Energie und Rohstoffe werden teuer und die kriegsführende Gesellschaft kann sich nicht den Luxus leisten, dass Leistungspotential in Form von arbeitslosen Händen brach liegt! Es wird zu der anachronistischen Situation kommen, dass die Gesellschaft, die über die ultimative Hightech-Armee verfügt, auf der anderen Seite große Arbeitsbereiche schafft, in denen archaisch mit den Händen geleistet wird.

Die neuen malochenden Massen werden deshalb auch nur in einem Niedriglohnbereich profitabel einsetzbar sein. Und nur darum geht es, auch aus diesen Menschen Gewinn für die Kriegsführenden zu machen.

Millionen von Erntehelfern, Hilfsarbeitern, Handwerkern, Knechten und Fließbandarbeitern werden deshalb neu hinzukommen. Sie treffen sich in der Mitte mit den bisherigen Angestellten. Es wird quasi Vollbeschäftigung geben, und zwar ganz unabhängig davon ob wir selber Kriegsführende Macht sind, oder nur versuchen daneben unseren Schnitt zu machen. Diese Vollbeschäftigung wird mit einer erhöhten Fluktuation einhergehen, wobei jedes neues Arbeitsverhältnis die Möglichkeit bietet, vertraglich neue Arbeitsbedingungen festzulegen. Eine Möglichkeiten von der Du ganz bestimmt nicht profitieren wirst. Vielmehr darfst Du dir sicher sein, dass austauschbare Arbeitnehmer in jedem Segment der Wirtschaft im festen Intervall von maximal zwei Jahren ihre Stelle verlieren, so dass ihre Entlohnung nach unten angepasst werden kann. Eine Anpassung, die zwar in kleinen Schritten erfolgt, deshalb aber nicht minder ergebnisträchtig ist. Das heißt mehr Arbeitskraft für die da oben, weniger Geld für dich. Der Traum der Kapitalisten von Millionen von willigen und billigen Sklaven wird endlich wahr!

„Es lebe der Krieg."

Zum Zweiten, und am Ersten hängend, wird das Wut- und Frust-Niveau immer weiter ansteigen. Das ist ein schwer messbarer Unsicherheitsfaktor für bestehende Herrschaftsstrukturen.

Alle genannten Erscheinungen werden dein Leben im Alltag bestimmen. Es besteht aber die Gefahr, dass beim lesen der Eindruck entsteht, dass alles was ich beschrieben habe eine Vielzahl von Entwicklungen darstellt. Halt wie in diesem Buch in Kapitel unterteilt und inhaltlich separiert. Das aber würde einen verfälschten Eindruck von dem vermitteln, was der Krieg der Zukunft für dich, für mich, für uns alle bedeuten kann. Alle diese Entwicklungen fließen in deinem Leben zusammen, sie werden alle ihre Wirkung gleichzeitig entfalten. Lass' mich das kurz in einer kleinen Geschichte erläutern.

08.02.2025, es ist Krise. Seit acht Jahren, um genau zu sein. Du hast nach deiner letzten Kündigung sofort wieder einen neuen Job. Das mit dem Arbeit finden ist nicht mehr das Problem. Eher, dass die neue Beschäftigung 3 % schlechter bezahlt wird als dein bisheriges Arbeitsverhältnis. Aber besser als nichts. Zudem musst du jeden Morgen zwölf Kilometer zurücklegen, um zur Kartoffelsortierstation zu fahren. Dort bist du mit elf anderen Männern und Frauen den ganzen Tag damit beschäftigt, den Oldtimer von Sortieranlage zu bedienen und zu füttern. Den Weg zur Arbeit kannst du zu deinem Glück mit dem Fahrrad fahren. Dadurch hast du am Ende des Monats sogar noch etwas Geld übrig und gehörst nicht zu denen, die am Ende des Geldes noch etwas Monat schaffen müssen.

Dass du damals mit deinem Gesparten ein Fahrrad gekauft hast als es noch für Qualität reichte, trägt geldmäßig also bis heute seine Früchte. Du trägst das gute Stück Morgens um 4:30 Uhr aus deinem Zimmer durch das Treppenhaus deiner Wohnwabenanlage.

Natürlich kannst du es nicht in den Gemeinschaftskeller stellen. Noch in der ersten Nacht würde einer deiner Zimmernachbarn versuchen, es in sein eigenes 17-qm Domizil zu schaffen. Schließlich muss jeder sehen wo er bleibt. Und wo jeder sein eigenes Toilettenpapier mitbringen muss wenn er in der gemeinschaftlichen Sanitäreinrichtung sein Geschäft verrichten will, die Zahnbürste sofort weg ist, wenn du sie morgens am Waschbecken vergessen hast, da ist klar was los ist.

Nach dem Schleppen geht es los. Nur über Schleichwege durch deinen Ort. Immer vorsichtig, weil du nicht von der Polizei erwischt werden darfst. Du hast nämlich den vorgeschriebenen neuen Helmtyp nicht auf dem Kopf. Deinen letzten Notgroschen wolltest du dafür nicht ausgeben, genauso wenig aber auch für die fälligen Strafen, wenn die uniformierten Fragesteller dich packen. Also gibst du dir jeden Morgen ein gefühltes Katz-und-Maus-Spiel für Arme.

Du nimmst es sportlich und freust dich immer, wenn es wieder gut gegangen ist. Die Einführung des neuen Fahradhelms ist aber auch nur noch abzocke. Als wenn die Haftpflicht, Fahrrad-TÜV, Fahrradführerschein und alte Sicherheitskleidung nicht schon teuer genug gewesen wären. Darüber hinaus musstest du schließlich sechs Fahrradschlösser kaufen, um es deinen Arbeitskollegen zu schwer zu machen Teile von deinem Rad abzubauen.

Aber du hast Glück, die Büttel fahren an dir vorbei, achten nicht auf Dich. Auch heute bist du unwichtig genug. Passieren ja auch genug echt hässliche Sachen in der Stadt. Die haben ja auch schon so genug zu tun. Vielleicht sind die Überwachungskameras mit ihrer Helmerkennungssoftware in deinem Viertel ja auch wegen Instandsetzungarbeiten abgestellt?

Egal!

Scheiß Wind, hoffentlich regnet es nicht auch noch! Jetzt noch ein kurzer Umweg, um nicht durch das arabische Ghetto fahren zu müssen. Die lauern schließlich immer auf ihre Chance! Vielleicht triffst du auf der Hauptstraße wieder die Packtasche mit ihrem rosa Fahrrad. Mit dem Kerl lieferst du Dir immer auf der letzten asphaltierten Geraden ein Rennen wenn ihr euch seht. Gestern hatte er gewonnen! Wo ist er nur, hat wohl Angst es noch mal darauf ankommen zu lassen ... Jetzt bist du schon auf den Feldwegen und sicher aus der Stadt raus. Ein wunderschöner Sonnenaufgang belohnt dich für das frühe Aufstehen. Gut gelaunt kommst du am Ziel an. Keinen Ärger, kein Regen und jetzt kommt sogar die Sonne raus. Es kann schön werden heute.

Tatsächlich, du hast so was von Schwein. Die Sortieranlage ist defekt. Endlich etwas Zeit, die vielen kleinen Arbeiten zu erledigen, die sonst auf der Strecke bleiben. Also Aufräumen, putzen und reparieren. Und guck mal einer an, was liegt denn da so unvorsichtig auf dem Tisch, ein Kugelschreiber. Gesehen und schwubbs – meins! So jetzt aber ran an die Kiste zum reparieren.

Alles viel besser als 200-Kilo-Schubkarren zur Rampe hoch zu wuchten. Obwohl dabei auch immer ein paar Kilo „Runtergefallenes" übrig bleiben. Das machen alle so. Jeder hat sein eigenes Versteck. Deins ist der Mülleimer, für dessen abendliche Leerung du verantwortlich bist. So fällt es nicht so auf. Ist ja auch eigentlich blöd, und die feuern dich sofort wenn sie es schnallen, aber erstens machen das alle und zum zweiten hast du eben keine Familie, keinen Kleingarten oder gar ein eigenes Haus mit Grabeland! Jeder ist für sich selbst verantwortlich. Die Zeiten sind Hart und ... ach du weißt schon.

Zur Mittagspause setzen sich alle zusammen. Im Hintergrund plärrt ein altes I-Phone uraltes Hyperstar-Gejaule runter während ihr alle eurer Vorarbeiterin lauscht, die sich jeden Tag den „Spiegel" lädt. Die alte Angeberin lässt so zwar deutlich durchhängen, dass sie sich mehr leisten kann, das ist aber egal. Du kannst dir eben kein Mophili kaufen. Dank ihr kriegst du trotzdem mit was gerade los ist. Wer beim monatlichen Contest gewonnen hat, wie die Intervention in Ägypten so läuft und natürlich auch, ob der BvB und Bayern München jetzt doch noch fusionieren.

Johann fehlt heute, der retadierte Kerl ist ein schmieriger Geselle, aber eigentlich ganz in Ordnung. Er ist so dumm das es nicht mal zum organisieren reicht – die arme Sau. Bestimmt hat sie ihn gemeldet. Sie will ihn wohl schon lange loswerden. Na, mal sehen wer bald Urlaub macht? Pause vorbei und ab geht's.

Das ist dein Alltag, oder das was davon noch übrig geblieben ist.

Dein Leben besteht natürlich aus noch viel mehr als ich bisher beschrieben habe. Mir ist es nicht möglich, es komplett auf die zukünftigen Lebensbedingungen zu projizieren. Denn trotz einer umfassenden sozialen und gesellschaftlichen Normierung im öffentlichen Bereich durch Dresscodes und Verhaltensvorgaben gibt es einen Bereich in jedem Menschen, den man nicht in Form pressen kann.

Deinen Geist.

Wir sind zu kompliziert als das man uns mit universellen Mitteln analysieren könnte. Wir empfinden individuell, begreifen individuell und denken individuell. Wie heißt es so schön, „die Gedanken sind frei!" Deshalb kann ich nur einige grobe dich betreffende zukünftige Veränderungen feststellen. Wie sie ganz konkret auf dich und deine Lebensmöglichkeiten wirken würden, das kannst nur Du erdenken.

Fakt ist aber, es wird ungemütlicher. Wir werden in der Masse ärmer, unser Leben wird statischer werden und die Gesellschaft viel kälter. Wie die Menschen im Verlauf dieser Entwicklung reagieren wenn es einfach immer weniger gibt und das immer ungerechter verteilt wird? Je nach Milieu anders. Schon jetzt antworten die ersten mit Raub, Gewalt und Mord. Ihre Hemmschwelle ist genauso gering, wie ihre kriminelle Energie hoch ist. Dabei ist es vollkommen unerheblich ob es sich um Nadelstreifen- oder „Isch ficke deine Mutter"-Typen handelt. Dass die Gestalten oben und die Verlierer unten sich immer weiter radikalisieren ist so sicher wie das Armen in der Kirche. Entscheidend ist die Frage wie die breite Masse sich entscheidet.

Wahrscheinlich sind zwei Szenarien nach der Übergangsphase, in der sich die Menge Mensch neu orientiert. Und leider ist von beiden Ansätzen einer weitaus eher zu erwarten. In den ersten Jahren der Entwicklung müssen wir alle uns eine entscheidende Frage stellen: Sie lautet, wie werden die relativ und real schrumpfenden Ressourcen verteilt? Nach dem Faktor Macht oder dem Faktor Bedarf? Die Gesellschaft muss sich entscheiden: Gilt das „ich" oder das „wir"? Diese Frage wird ihre Antwort finden, so oder so.

Entweder als bewusste Entscheidung oder als Ergebnis des Sich-Wegduckens. Denn die Weichen werden in jedem Fall am Anfang der Entwicklung gestellt. Danach wird die Entwicklung so schnell werden, dass es kaum noch Möglichkeiten des ruhigen Abwägens geben wird. Getrieben von der Dynamik des Krieges werden wir dann Unfrei sein unser Leben zu gestalten. Sehen wir uns an, in welcher Welt wir heute leben, welche politischen Konfrontationen das Potential haben sich bis zum Krieg der Zukunft auszuwachsen, dann kann einem Angst und Bange werden. Für die westliche Welt, aber auch für die anderen großen Mächte gilt, dass ausgehend vom Hier und Jetzt die Massenarmut in einer bürgerlich kapitalistischen Wirtschaftsform und ein faschistoider Kontrollstaat mit parlamentarischen Gepräge am wahrscheinlichsten sind.

Persönliche Bereicherung unter allen Umständen ist gesellschaftlich akzeptiert, und die Masse Mensch nickt parallel jede neue Form von Kontrolldruck gegen „die da unten" sofort ab. Während „die da oben" ungestört ihre Interessen realisieren können, hat also die eingeschüchterte Menge schon die Blitzableiterlogik verinnerlicht und nimmt jedes Opferlamm bereitwillig an.

Darüber hinaus reißt ein gigantischer sozialer Graben zwischen Anspruch und Realität auf. Während die Gesellschaft politisch unter der glänzenden Verpackung der Demokratie präsentiert wird, hat die Stimme der Nicht-Reichen kaum noch Gewicht. Diese Entwicklung ist noch nicht zu Ende, und in einer Kriegssituation wird jeder Korrekturansatz mit absoluter Sicherheit effektiv als Wehrkraftzersetzung diffamiert werden. Die eingeschüchterte Menge hat die vorgegebene Logik der Herrschenden bereits akzeptiert.

Die Gestaltungsmacht gesellschaftlicher Realität ballt sich schon jetzt dort wo das Geld sitzt, in der selbst ernannten Elite! Dieser Widerspruch ist die Achillessehne der westlichen Gesellschaften angelsächsischen oder europäischen Stils. Sie geht einher mit dem Raubbau zum Wohle Weniger und auf Kosten der Lebensqualität Vieler! Es ist nur eine Frage der Lebensbedingungen und damit der Zeit bis an diesem Punkt die aktuelle Herrlichkeit ihr Ende finden wird.

Und genau aufgrund dieser grundlegenden Schwäche müssen Du und ich davon ausgehen, dass die da oben immer mehr wissen wollen, immer mehr Kontrollieren werden und immer mehr verbieten! Die Schwäche ihrer Macht, der Moment das die Ziele der Beherrschten eben nicht mehr Konform gehen mit den Zielen der Herrscher lässt mich erwarten, dass wir eine neue Form wirtschaftlichen und politischen Totalitarismus' erleben werden.

Zu all diesem Unglück kommt dann noch der Umstand, dass die „Elite" zwar ohne Rücksicht auf Verluste ihren Zielen nachjagt, wir alle zusammen aber verantwortlich sind. Das ist im geringsten Teil eine Folge des güldenen Demokratieetiketts das unser Parlament schon heute ziert. Ganz banal, Du und ich, unsere Kinder, wir alle tragen die Folgen gemeinsam. Wir sind diejenigen, die die Rechnungen zahlen dürfen.

Alle.

Ob die Wirtschaft kollabiert, oder ein Feldzug mit einer Niederlage endet. Glaubst Du ernsthaft, dass die Enkel unserer Elite hungern oder im Krieg fallen könnten? Nein, sie haben Reserven, haben das Wissen und die Macht dafür zu sorgen, dass sie nicht ganz vorne stehen wenn es unangenehm wird. Wenn die Drohnen kommen und Menschen brennen, wie es schon heute in Afghanistan passiert, dann sind sie in Sicherheit.

Ja, Kollateralschäden haben ein Gesicht ... gehabt. Und den Verwandten sagen sie dann, das ganze passiert weil Du es willst, Du hast es so über deine Partei, deinen Wahlzettel legitimiert! Genauso legitimiert dann die chinesische Regierung ihren Einsatz. Vielleicht zerfetzt es nicht Dich, wenn der Luftangriff der chinesischen Drohnen in das europäische Heimatgebiet beginnt ... aber deine Enkel!

Das ist die logische Konsequenz imperialer Machtpolitik unserer Eliten. Es wären ihre Kriege und deshalb werden wir verlieren, egal wie es militärisch ausgeht. Gewinnt Europa, sitzen die Nadelstreifen bombenfest im Sattel und feiern die Gewissheit, dass ihre Party noch lange weitergeht. Verlieren wir, zahlen wir mit Gut und Blut, nicht sie! Denn wir leiden, während die Wendehälse der alten Elite schon wieder die Champagnerkorken knallen lassen und einen neuen Marshallplan fordern.

Also, geht man zusammenfassend davon aus, dass der Krieg der Zukunft im Grunde ein neuer Verteilungskrieg der globalen Ressourcen und Macht ist, ausgelöst durch die Konkurrenzsituation mehrerer Imperien mit hegemonialen Zielen, dann stellt er eine mit Gewalt erzwungene Anpassung dar. Die Ressourcen werden nach der Macht neu verteilt. Die Folgen sind vornehmlich gigantische Zerstörungen und bitterste Armut breiter Massen. Die neue Nachkriegslage bedeutet die mortale Anpassung an neue Ressourcenbedingungen. Es ist ein Reset, aber kein Neuanfang. Die politischen und wirtschaftlichen Strukturen bleiben konserviert und damit auch die Unfähigkeit ohne Gewalt und Mord Anpassung zu schaffen. Das Spiel wiederholt sich dann immer wieder. Das wäre nicht zwangsläufig der Untergang der Zivilisation, aber ganz sicher ein unnötiger millionenfacher Tod – solange bis die Sonne einmal erkaltet.

Wer nicht fähig ist, aus seinen Fehlern zu lernen, stirbt daran.

„Was nun?" sprach die Maus vor der Falle

Aber wir können lernen. Und damit kommen wir zur zweiten, nicht vollkommen unwahrscheinlichen Option.

Denn Menschen lernen und sind bisher immer fähig gewesen, durch politische und wirtschaftliche Schlüsselinnovationen Fortschritt zu erzielen. Die Aussichten dazu sind gar nicht mal so schlecht. Denn aus heutiger Sicht sind alle tragfähigen Lösungsansätze schon vorhanden. Sie müssten also nur noch Anwendung finden. Die Herausforderung ist es also, nicht in der Dunkelheit irgend etwas zu basteln das Licht macht, sondern einzig und allein die beiden politischen Hindernisse vorm Lichtschalter beiseite zu räumen.

Nur zwei Grundideen verbürgen uns weiteren Fortschritt und Frieden. Zu unserem Glück sind es die Grundpfeiler menschlicher Zivilisation: Der Wunsch nach Freiheit und Gerechtigkeit.

Oder hast du anderes erwartet. Vielleicht Microsoft, den American Way of Life, Prinzessin Lilyfee oder das Internet? Nein, nein, es sind immer Freiheit und Gerechtigkeit. Nur häufig verrennen wir uns in Ansätzen sie zu erreichen und wollen dann nicht mehr anders, aus Angst nicht mehr die Nummer Eins zu sein. Das ist die Lage unserer „Elite": Sie weiß mittlerweile ganz genau, dass sie auf dem falschen Weg ist, aber ihr ist auch klar, dass sie nicht mehr „Elite" wäre, wenn wir die Richtung ändern würden. Sie hat Angst bekommen vor Veränderung und setzt auf Konservierungsmittel um den strukturellen Ist-Zustand zu erhalten. Sie ist jetzt glücklich und daran soll und darf sich nichts mehr ändern.

Deshalb ist sie eines der politischen Hindernisse vor dem Lichtschalter.

Diese Konservierungsmittel versprüht sie über uns, der Masse. Sie stärkt und bügelt unsere Gedanken damit sie sich nicht bewegen können, und schön statisch bleiben. Ist doch schön so wie es ist, es ist auch noch genug Suppe da, und Veränderung bedeutet auch Risiko!

Und da kommen wir zum zweiten Hindernis vor dem Lichtschalter: Unsere Akzeptanz des Hier und Jetzt. Wir wissen Wachstum ist endlich, der „Club of Rome" hat schon vor langer Zeit den Finger an die Wunde gelegt, wir bemerken das Schrumpfen unseres Konsumrahmens im Alltag bereits, sehen die Zunahme von uns betreffenden Krisen und politischen Spannungen. Glaubt hier nach dem verlogenen „Stahlgewitter" und der bösartigen "Volksgemeinschaft" mit ihrer „Endlösung" wirklich noch irgend jemand ernsthaft an ein „weiter so"? Die Einschläge kommen näher, um dich auch verbal langsam auf das einzustimmen was uns bevorsteht.

Die Lösung ist ganz einfach.

Du musst aufhören dich weg zu ducken.

Unsere Oberschicht räumt ihren Platz nicht freiwillig, vergiss es! Sie sind schon gescheitert, wer mit ihnen geht, vergeht mit Ihnen! Im Grunde genommen verstecken sie sich schon heute hinter dir. Genau das machen sie! Sie wirtschaften und profitieren unter dem Deckmantel, dass Du das politisch abgenickt hast. Hast Du??

Es stimmt, etwas könnten wir noch so weiter machen, und eine Veränderung beinhaltet das Risiko etwas zu verlieren. Nur bietet ein Neuanfang auch dir die Möglichkeit etwas zu gewinnen. Eine lebenswerte Zukunft für dich und deine Kinder!

Um eine tragfähige Zukunft zu bauen müssen also wir zuerst einmal aufhören unsere Ohnmacht zu akzeptieren und dann unseren Machtanteil wieder zurückholen. Und zack! Siehe da, damit durchschlagen wir den gordischen Knoten unserer Zeit. Schieben wir unsere Oberschicht endlich beiseite wird es schon hell. Denn der Lösungsansatz schlechthin ist die Demokratie. Ich meine natürlich die echte, nicht irgend eine Tütensuppe mit „mindestens" 5% Demokratie drin. Nein, die echte allumfassende Volksherrschaft soll es sein! Wenn *Du* bestimmst, wirst Du dann deine Tochter in einen Eroberungskrieg schicken, die Gewinne der Arbeit aller einigen Wenigen zustecken und Kinder im nächsten Viertel verhungern lassen?

Natürlich nicht!

Die Demokratie verbürgt auf Dauer alleine eine freie und gerechte Gesellschaft. Sie alleine ermöglicht es, eine nachhaltige Wirtschaft zu entwickeln und damit dem Raubbau an unserer Zukunft zu beenden.

Nun hast du natürlich schon gehört, dass Volksabstimmungen nicht gehen in unserem Land. „Die" würden ja sofort wieder die Todesstrafe einführen!" Zum Ersten, wer sind „Die"? *Du* bist „Die"! Zum zweiten, na und? Was beweist das? Wenn 75% der Bevölkerung die Todesstrafe für dieses oder jenes Verbrechen einführen wollen, dann ist das demokratisch legitim und soll so sein! Wenn wir das in einer Abstimmung so entscheiden, dann sollen Kindermörder baumeln! Das ist Freiheit, das ist Demokratie! Niemand behauptet, dass Demokratie weich und kuschelig ist, dass sie gar immer zu richtigen Entscheidungen führt. Aber sie bedeutet den größtmöglichen

Entscheidungsrahmen für uns alle und führt auf Dauer zum Interessenausgleich in einem Gegenseitigkeitsprinzip. Sie führt im Laufe eines schmerzhaften Lernprozesses zur Nachhaltigkeit, weil für die Folgen des Raubbaus alle verantwortlich sind! Sie bedeutet eine neue Lebensethik, die Abkehr von der Quantität und die Hinwendung zur Qualität. Sie sorgt zur Not im Krieg auch für eine gerechte Sozialisierung des Mangels und die Aufhebung der Mangelsituation durch alternative Befriedigung der Bedürfnisse. Sie leitet die Abkehr vom Geld und Reichtum zu Bildung und Kunst, Unterhaltung und Sport hin ein. Ein Weg, den wir gehen müssen, wenn wir uns nicht selber fressen möchten!

Die brutal gelernte Antwort des zwanzigsten Jahrhunderts auf die Frage des Individuums nach der Verantwortlichkeit dürfen wir nicht vergessen: WIR!

Handeln WIR doch einmal danach.

Danke, Julie